토의식 교수법

토론식 학습법

토의식 교수법
토론식 학습법

전 명 남

계명대학교출판부

머리말

토의식 교수법
토론식 학습법

—21세기 창의적 인재 양성을 위한 열쇠—

새로운 21세기를 주도하는 인재양성의 산파가 되기 위해 세계 각국은 끊임없이 교육개선에 노력을 기울이고 있다. 학교와 지역사회는 질 높은 교육이 국가의 경쟁력이라는 생각을 갖고 보다 나은 교수-학습법을 기대하고 있다. 가르침과 배움이란 학생들의 잠재적 능력을 증가시키고 앎을 유의미하게 만드는 행위이다. 가르침과 배움이 일어나는 교육현장에서는 교수와 학생간의 역동적 '상호작용(interaction)'이 가장 중요하다. 담화를 통해 학생과 학생 간 및 학생과 교수 간의 상호작용을 높일 수 있는 토의와 토론은 교육 실제에 있어 필수적인 교수-학습법이다. 토의와 토론에서의 이러한 상호작용은 학생들을 무지, 편견, 정형화 그리고 지엽주의로부터 자유롭게 만들어 줄 수 있다.

우리나라 교육의 큰 맹점 중의 하나는 주입식 교육이다. 교사가 정보를 던져주면 학생들은 그저 받아먹는 식의 수동식 교수-학습이 주가 되고 있다. 그에 대한 원인을 물으면 흔히 대학입시 때문이라고들 한다. 그리하여, 논술, 수시모집, 면접 등 다양한 대학입시 전형이 나오고 있음에도 불구하고 초 · 중 · 고등학교는 물론이거니와 대학에서조차 다양화된 교수-학습법의 실천적 개선은 미약하다.

토의식 혹은 토론식 교수-학습법은 학생들의 잠재적인 능력을 개발하고 새로운 아이디어를 산출해내는 창의력 및 고차적 사고의 개발에 도움이 되는 교육 방법이다. 많은 학생들이 교수의 강의에 도움을 얻어 독학(獨學)의 방식으로 학습해나가고 있다. 독학(獨學)이 독학(毒學)이 되지 않기 위해 함께 의견을 나누고 새로운 문제해결을 시도해야 한다. 또한, 토의와 토론은 배움의 열정을 불타오르게 하는 교육 접근 방식이다. 이 열정은 학생들의 토의하기, 비판하기, 반성하기 등의 반복순환적 학습형태로 지속이 가능하다. 이를 통해 학생과 학생, 학생과 교수간의 영감이 넘치고 의미를 깨달아가는 진정한 학습의 장을 구현할 수 있다.

토의와 토론식 교수-학습은 참여하는 학생들의 토의 주제 관련 지식이나 관심의 깊이가 클수록 성공적일 수 있다. 뿐만 아니라, 교수의 사려 깊은 준비와 운영을 통해 수업에서 예상치 못했던 참신한 아이디어가 범람하는 교실을 만들 수 있다. 토의와 토론식 교수-학습법으로 학생들은 수동적으로 받아들이는 방식에서 벗어나 보다 능동적이고 주도적인 창의적 학습자로 거듭날 수 있을 것으로 기대된다.

끝으로 이 책은 계명대학교 교무처 교수학습지원센터에서 출발했다. 홍순성 교무처장님과 교수학습지원센터의 엄우용 소장님, 최명숙 교수님, 홍계인 선생님, 박혜정 연구원, 성규석 연구원, 김석정 양에게 특별한 감사를 드린다. 또한 2005년도에 열린 '토의식 교수법 워크숍'에 참가하여 처음부터 끝까지 진지하게 교육 문제를 고민해주셨던 계명대학교 교수님들이 큰 자극이 되었다. 그리고 민족사관고 이돈희 교장선생님과 백춘현 선생님의 토론에 대한 열정도 영향이 컸다. 지면만이지만 고마움을 전한다. 긴 교정작업을 맡아준 양춘미와 변영예에게 감사의 마음을 보낸다. 마지막으로 계명대학교 출판부와 원고를 읽고 그림을 그려준 연세대학교의 장근영 박사에게 감사의 말을 잊을 수 없다.

2006년 4월

바우어관 신축동 연구실에서

전 명 남

제5부 온라인 토의 · 131

제6부 영역별 토의 · 159

제7부 세미나 교육 · 173

제1부

토의와 토론의 이해

토의식 교수법이란?

영감이 넘치고 의미를 깨닫는 진정한 학습이 일어나는 교실을 구현하기 위한 방법의 하나로 토의식 교수법과 토론식 학습법이 제안되고 있다. 토의와 토론은 사회화된 학습 활동의 한 유형이다. 토의(討議: discussion)는 참가한 구성원들의 합의에 의해 합리적 문제해결에 이르는 것이고, 토론(討論: debate)은 자신의 논거를 통해 다른 사람을 설득하는 것을 가리킨다. 토론이 갑론을박(甲論乙駁)할 위험이 있는 반면에 토의는 지혜(wisdom)를 종합해 줄 수 있다. Nystrand와 Gamoran(1993)은 토의를 모든 참여자가 일정 기간 동안 주어진 주제에 대해 사려 깊고 지속적인 검토를 하여 상당한 기여와 반성이 일어나는 것이라고 정의했다. 토의는 이야기를 나눈다는 의미의 대화(conversation)나 담화(dialogue)보다는 유목적적이며 구조화되어 있다. 토론은 토의에 포함되는 개념이다. 이들은 개념적 차이에도 불구하고 교육현장에서 유사한 개념으로 사용되고 있다(이하 의회식 토론과 국가 토론 토너먼트를 제외하고 '토의'라는 용어로 통일하여 사용한다).

읽기나 쓰기와 마찬가지로 토의는 교육과정의 핵심적 요소이다. 많은 교육자들이 토의식 교수법을 활용하여 학생들이 적극적으로 참여하는 교실을 만들고자 애쓴다. 토의식 교수법은 2명 이상의 학생들과 교수가 모여서 아이디어나 관점, 핵심요소, 주제 등을 교환하여 학습내용을 파악하고 명료화하며 문제를 해결하는 방법이다. 토의식 교수법에서는 '표현되는 말'을 매개로 다양한 학습기회를 제공할 수 있다.

초·중등 교육현장뿐만 아니라 대학에서의 교수법으로 중요한 방법임에도 불구하고 교수진들에게 토의식 수업의 진행은 실제로 힘들고 어렵게 느껴진다. 한 학기 동안 이루어질 강의 전체 시수를 생각하면, 교과 내용의 전수만으로도 시간이 부족하기 때문에 제대로 된 토의식 수업을 진행하기에는 역부족일 수 있다. 또한, 토의식 교수법으로 수업을 진행하게 되더라도 학생들의 참여 부족이나 무관심에 맞닥뜨릴 수 있다.

토의의 특징

- 토의는 주요주제와 하위주제들이 연결되는 열린 구조이다

토의는 열린 구조(open-ended)이다. 토의는 한 주제(a topic)에 대해 초점을 맞춰야 한다. 그렇게 하지 않으면, 단지 자유롭게 흐르는 대화가 되어 버리기 때문이다. 토의는 대화보다는 형식적이고 구조화되어 있으며 참여자의 지식 · 이해 · 판단의 발달을 가져온다. 본질상 토의는 '주요 주제들(main topics)'과 '하위 주제들(sub-topics)'의 경계를 왔다 갔다 하는 형태이다. 토의는 학생들이 '새로운 주제들(new topics)'에 연관되도록 돕는다. 토의에 참여하는 학생들의 개인적 목소리와 경험들은 주요 주제들과 하위 주제들의 논의에 나타나며, 이 과정에서 학생들은 자연스럽게 새로운 주제에 연결된다.

토의에는 막다른 골목이 있다

토의의 참여자들은 각각 다른 관점의 사고를 교환한다. 토의에서 참여자들은 하나의 아이디어를 가지고 이리저리 방향을 바꾸거나, 후퇴하기도 하며, 새로운 주제를 탐색하거나 때로는 그 주제를 포기해 버리기도 한다. 토의를 하다가 막다른 골목(blind alleys)에 처하기도 한다. 그러나, 토의에 많이 참여하게 될 수록 새로운 아이디어들에 대해 수용적이 되며, 자신의 아이디어를 손쉽게 재고하게 된다. 막다른 골목에서도 주제를 확장시키거나 다른 관점을 가질 수 있게 된다.

토의는 선형이 아니라 반복 순환적이다

학생들은 토의에서, 하나의 주제에서 재빨리 다른 주제로 이동했다가 그들이 중요하다고 생각하는 것으로 되돌아온다. 토의는 선형(linear)이 아니라 순환적(recursive)이다. Gilles(1993)는 이러한 토의에서의 역동성을 '의미의 순환(cycles of meaning)'이라고 명칭했다. 이러한 의미의 순환성은 학생들이 토의에서 자기-지속적(self-sustaining)이도록 해준다. 학생들은 본질적으로 관심 있는 주제나 하위 주제에 되돌아감으로써, 새로운 아이디어로 접어들거나 다른 아이디어에 반응하며, 자신의 아이디어를 수정해간다. 만약 특별한 간섭이 없다면, 토의에서 참여자들이 만족할 수 있을 때까지 탐색을 계속할 것이다.

토의는 협력적이며 구성적이다

토의는 협력적이며 구성적(constructive)이다. 내용이든 의미이든 의사소통이든지간에 연결(conversation)을 구축하는 것이 토의의 핵심이다. 토의는 아이디어를 나누는 것, 듣는 것, 다른 사람의 관점을 고려하는 것, 함께 의미를 구축하는 것과 관련이 있다. 이러한 종류의 협력은 모든 참여자들의 아이디어에서 출발하여 토의집단 전체가 새로운 의미를 구성하도록 해준다. 새로운 의미를 구성하기 전에 참여자들은 듣고 반응한다. 만약, 한 참여자가 지배적인 태도를 취하면 토의는 일종의 강의나 연설이 되어 버린다.

토의는 교수-학습에서 보다 풍부하고, 깊은 의미를 이끈다

진정한 토의는 '정답'을 찾는다거나 아이디어를 요약하는 것이 아니라, 전적으로 협동의 방식을 통해 보다 깊이 '새로운 의미(richer & deeper meaning)'로 진행할 수 있도록 이끄는 것이다. 이는 다양한 배경 지식, 추론, 흥미가 만들어 내는 다양한 해석을 공유함으로써 가능하다. 토의는 '의미를 함께 생성하는 하나의 과정'이다(Peterson & Eeds, 1990).

토의는 다시 생각하는 것을 촉진하여, 그 의미를 수정하는 하나의 이상적인 메커니즘이다. 토의를 통해 의미의 재수정(revistion)이 일어난다. 의미가 변화되어가는 과정을 토의 전 · 중 · 후에 가지는 의미의 순환으로 생각을 확장시킬 수 있다.

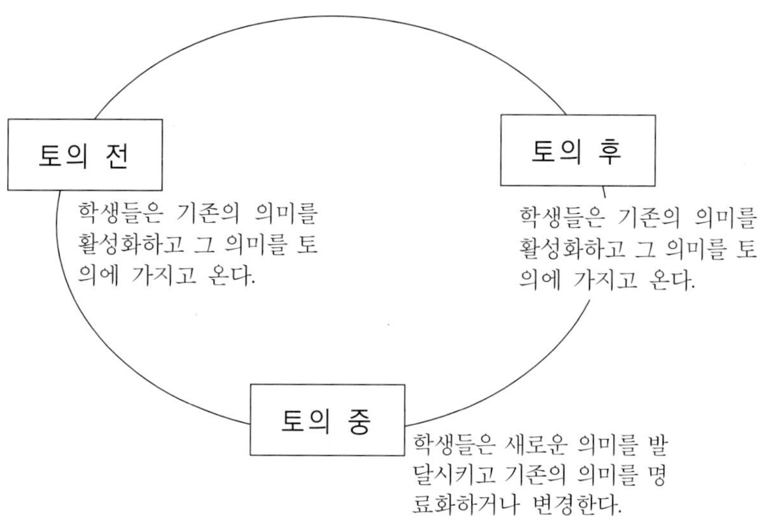

의미의 순환

토의는 고차적 사고와 다원적 사고를 증진시킨다

진정한 토의는 끝이 없다. 토의에는 어떤 한 개의 정확한 대답만이 있는 게 아니다. 또한 대답에 도착하는 유일한 하나의 방식만 있는 것이 아니다. 토의는 참여자의 비판적 사고, 반성적 사고, 창의적 사고, 합리적 사고 등 고차적 사고(higher order thinking)를 자극하고 유도한다. 또한 다원적 사고를 통한 쟁점의 논의는 효과적인 토의 결과를 내놓는다. 이는 순환적이어서 토의를 통해 다원적 · 대안적 사고가 용이해진다. Turner와 Paris(1995)는 해결해야 할 문제로서 '열린 과제(open tasks)'를 기술하였다. 왜냐하면 열린 과제는 '닫힌 과제'보다 인지적으로 보다 복잡하다. 열린 과제를 해결하는 데에는 학생들이 전략적으로 생각하는 것이 요구된다. Many와 Wiseman(1992)는 초등학교 3학년생들이 자신이 가지고 있는 그림책을 가지고 토의하였을 때 보다 '고차적 사고(higher level thinking)'를 사용하고, 더 나아가 열린 과제를 가지고 토의할 때 가장 정교한 사고(sophisticated thinking)를 보여준다고 보고했다. Anzul(1993)도 책을 읽고 토의하는 활동을 통해 5·6학년생들이 자신의 생각을 보다 높은 수준으로 끌어올린다는 것을 알아냈다.

토의가 증진시킬 수 있는 또 다른 종류의 고차적 사고는 '초인지(metacognition)'이다. 이것은 '자기 자신의 지식에 관하여 아는 것', '자기가 알고 있는가를 아는 것', '자기가 모르고 있다는 것을 아는 것', '자신이 알고 있는 것을 수정하는 방법을 아는 것'이다. Gill(1993)은 개개인이 언제 의미를 스스로 구성하는가를 알기 위해서는 그 과정을 스스로 '자각(awareness)'하여야 한다는 점을 지적하였다. 학생들은 일반적으로 자신의 사고 기능의 방식이나 그로부터의 의미 진화에 대해 자각하지 않는다. 그러나 개개 학생들이 하나의 집단이 될 때, 개인은 자신의 생각에 관해 생각해야 하고, 그들 스스로를 설명해야 하며, 누군가가 각각 다른 아이디어를 가진다는 것을 주목해야 한다. 이러한 환경 하에서, 개개인은 자신의 생각에 대해 다시 한 번 생각할 수 있게 된다. 토의의 참여자들은 자신의 논리에서의 오류를 주목하기 시작하며, 비효과적으로 생각하는 것을 피하는 전략을 개발하게 될 것이다.

토의는 학생들의 교수-학습에 대한 '관여'와 '주인 의식'을 증진시킨다

학생들은 토의를 통해 보다 아이디어에 대해 생각할 수 있게 되며 자신의 아이디어를 가지기 위해 노력하게 된다. Guthrie와 그의 동료들(1996)은 토의에서의 '관여(engagement)'

를 '동기와 전략이 통합되는 것'이라고 했다. 만약 책을 읽고 토의하는 경우에 참여하는 학생들은 이해하기 위해 전략을 사용할 것이다. 미해결된 문제의 해결을 위해 무언가를 하게 될 것이다.

'관여'는 아이디어에서 보다 깊은 처리를 이끌고 학습을 증진시키는 점에서 결정적이다. 토의에서의 '열린 목적성을 지속하는 것', '평가하기보다는 반응을 구축하는 것', '자신의 학습을 통제하는 것', '협력'을 포함한 많은 특징과 이점은 관여와 직접적으로 관련된다.

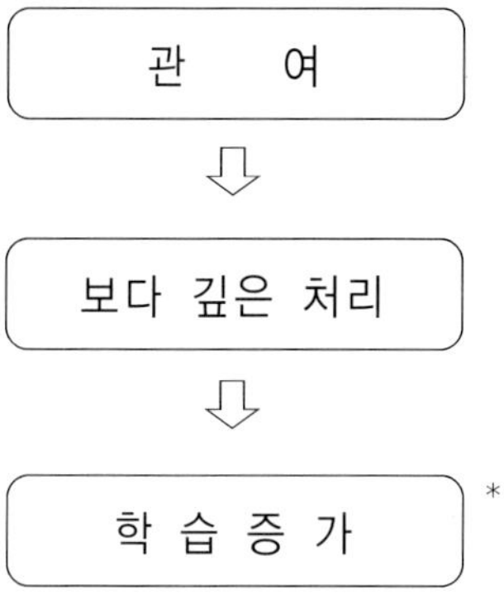

관여와 학습

* 주제에 관여하고 있는 학생들은 그렇지 않은 학생들보다 그 주제에 대해 보다 더 오래 혹은 깊게 탐색하기 쉽다. 결과적으로 그 주제에 대해 보다 많이 학습하게 된다.

토의에 대한 재미있는 연구결과는 학생들이 주제에 대한 탐색활동이나 재개념화나 재초점화 과정에서 가르치는 교수에 의존적이기보다는 토의와 아이디어에 대한 주인의식을 성취하였다는 점이다. 학생들은 토의를 통해 획득하는 결과를 교수에게 돌리지 않고 자신의 탐색 결과로 간주하였다(Alvermann 등, 1996).

◉ 토의는 소양 수준에 관계없이, 모든 학생들의 참여를 가능하게 해준다

토의는 '포괄적(inclusive)'이다. 글을 많이 읽었느냐 혹은 적게 읽었느냐에 관계없이 일단, 학생들이 자신의 아이디어를 가지고 토의에서의 역할을 수행할 수 있게 한다. 오히려 참여자들의 소양 수준(literacy level)의 차이로 인해 보다 역동적인 진행이 이루어지기도 한다.

◉ 토의는 학생들이 사회적 상호작용을 통해 의미를 만들어가도록 해준다

비록 개인 스스로 모든 의미(meaning)를 구성하지만, 개별적으로 구성하는 한정된 의미를 다른 사람들의 아이디어에 노출되는 '사회적 상호작용(social interaction)'을 통해 풍부하게 하거나 확대해 나갈 수가 있다(Bloome & Green, 1992). 즉 토의를 통해 사회적 지식구성이 가능하다. 학생 상호 간 및 교수와 학생 간에 정의적 인간관계를 형성하고 사회적 의미구성을 이끈다. 토의는 집단 역동성(group dynamics)에 크게 의존하며 집단의 동질성, 응집력, 의사소통의 유형, 지도성 등에 따라 다른 결과를 낼 수 있다.

◉ 토의를 통해 지식 구성에서의 자정작용이 일어난나

일방적 강의는 권위적 분위기를 형성하며 상하관계, 지배-복종의 수직적 관계를 만들어 버리기 쉽다. 이와 달리 토의에서는 비판이나 반론, 제안된 지식에 대한 질문과 대안의 모색 등을 통한 지식 구성의 자정작용(self-purification)이 가능하다. 새로운 아이디어의 교환과 의식적 반영이 반복 순환적으로 일어나기 때문에 참여자들은 기존의 지식에 고착되지 않고 스스로 지식을 정화시킬 수 있게 된다.

토의식 수업 사례 : 중국 청화대 토의식 교수법

본인은 1995년 중국 청화대학교 중어중문학과를 입학하여 본격적인 유학생활을 시작하였습니다. 사회주의 국가에서의 학창생활이 꼭 만만하지는 않았지만 의외로 개방되어 있는 교수님들의 학생들 간의 적극적인 교류가 인상적이었습니다.

사회주의 국가에서의 학창생활이 꼭 만만하지는 않았지만 의외로 개방되어 있는 교수님들과 학생들 간의 적극적인 교류가 인상적이었습니다. 특이한 점은 토론문화가 단순히 발달한 수준이 아닌, 이미 정착하여 대학교육의 일부분으로서 그 역할이 매우 중요하며 강의 시에도 교육자의 일방적인 강의로 끝나는 것이 아닌 학생과 쌍방향교류의 틀이 탄탄하게 짜여져 있었습니다.

예를 들어 중국 현대 문학을 가르치는 교수의 경우, 중국의 특정 현대문학작품을 선택, 학생들의 분임토의를 유도한 후, 해당 작품에 대한 의견이나 해석이 상반되는 둘 또는 세 개 그룹으로 구분, 그 중 자신의 생각에 대해 가장 명확한 논리로 전달하는 학생을 그룹별로 각 2인을 선정하였습니다. 이 때 강좌에 참여하는 모든 학생들은 이미 자신이 속한 그룹의 의견/주장에 확고한 믿음을 갖고 있으며, 자신은 아니지만 자신을 대표하여 논리를 펴는 학생에게 강한 믿음을 보여주고 있었습니다.

그 다음 강좌시간에 담당교수는 토론의 대상이 된 해당 작품의 작가를 강좌에 초청, 작가의 변을 들으며 작품이 쓰여지게 된 주변 환경에 이해를 높였으며 각 그룹의 대표학생은 해당 작품에 대한 자신의, 자기 그룹의 생각을 전달하며 작가와 교수, 모든 학생들이 어우러져 강의의 집중도가 최고조에 달했습니다. 결코 어느 그룹의, 누구의 논리와 생각이 옳은가, 누가 이겼는가가 아닌 모든 참여자들이 토론에 집중하며, 또 공감하며 작품과 작가에 대한 이해와 지식을 쌓을 수 있는 훌륭한 방식의 강좌였다고 생각합니다.

본인이 졸업을 한 지 벌써 6년 가까이 되지만 이처럼 구성원들의 적극성을 유도, 토론참여에 대한 후끈한 열기를 연출해낸 교수님의 강의방식은 당시에 함께 했던 학생들에게 훌륭한, 살아있는 교육으로 기억되고 있으며 '토론'을 통한 '공유'의 중요성을 깨닫게 한 계기가 되었습니다.

출처 : 우련통운 이사 배요환(1994-1999 동대학 유학)

토론식 학습법이란?

토의와 토론을 통해 학생들은 보다 깊은 이해, 능동적 참여, 고차적 사고를 할 수 있게 된다. 토의가 광의적 접근이라면 토론은 보다 구체적이다. '토론(debate)'은 다른 사람에게 나의 의견을 설득시키는 행위이다. 영어의 'debate'는 '싸우다 혹은 앙금이 남다'는 의미의 battle에 기원하기 때문에, '논쟁식 토론'이라고도 한다. 토의와는 달리 토론에는 잠정적 승 · 패가 존재하므로, 토론과정에서 공정성을 확보하는 경향이 많다. 또한 토론은 '차이'를 전제로 한다. 이로 인해 찬성 측과 반대측으로 나누어 활동하는 경우도 비일비재하다. 일반적으로 토론의 구성요소로 문제, 개념, 의견, 논증, 수사학 등이 존재한다.

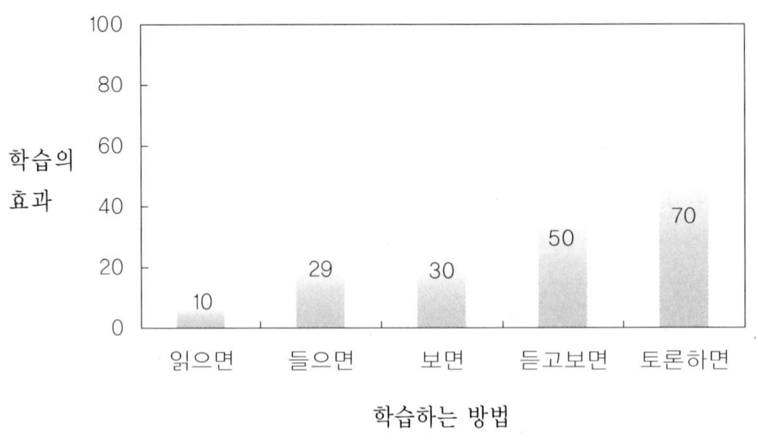

토론식 학습의 효과(출처: Glasser, 2000)

문 제

토론에서 문제(problem)는 상황을 가리킨다. 문제는 구체적인 지식과 정보를 포함하고 있어야 한다. 토론에서 문제는 '주제' 혹은 '이슈'라고도 불린다. 토론 주제는 사전에 공포하여 오랜 시간 동안 토론자들이 준비하도록 하고 모여서 토론하는 방식이 일반적이다. 그러나 대학생 토론대회와 같은 경기식으로 진행할 때는 대개 미리 여러 개의 주제를 주고 실제 토론 장면에서 선정하여 사용한다.

문제 진술 예시

- 2010년 대학 등록금은 '얼마나' 될 것인가?
- '조류 독감'의 원인은 무엇인가?
- 체벌 받는 학생은 그렇지 않은 학생보다 정서적인 문제를 더 많이 가지고 있는가?
- TV는 가족간 대화를 줄이는가?

개 념

토론에서 개념(term)은 주로 진술문(statement)의 형태로, 명제(proposition)이다. 참과 거짓으로 가릴 수 있다. 개념은 정보와 지식을 제공한다. 개념이기 때문에 내포(intention, connotation)와 외연(extenstion, denotation)이 지속적으로 점검되어야 한다. 내포는 개념이 지시하는 대상의 의미 전체를 가리키며 그 대상들이 가지는 속성의 집합이다. 외연은 그 개념이 타당하게 적용될 수 있는 대상을 가리킨다. 변호사 변론과 검사의 공방은 개념의 참과 거짓의 여부를 증거를 가지고 토론하는 좋은 예이다.

의견 혹은 주장

토론에서는 '의견(opinion)' 혹은 '주장(calim)'이 많이 사용된다. 주장은 의미가 명확한 경우가 대부분이다. 특히 토론(debate)은 주장이 제기되고, 주장과 주장이 맞닥뜨려지는 행위이다. 그리하여 토론에서 참가자가 가지고 있는 신념을 표현하는 것이 의견이나 주장을 내놓는 것이다. 토론에서 의견 또는 주제의 제시는 한 문장에 하나의 내용과 동사가 필수적으로 들어가도록 하고 주로 부정문보다는 긍정문으로 진술한다.

의견 진술 예시

- 혼혈인의 차별은 철폐되어야 한다.
- 성범죄자의 개인 신상 정보는 공개되어야 한다.
- 독신자에게 입양을 허용해야 한다.
- 교원평가제는 시행되어야 한다.
- 총기류의 소지는 금지시켜야 한다.
- 멸종류의 동식물은 보호해야 한다.

논 증

논증(argument)은 '성당화(justification)', 혹은 '증명(proof)' 또는 '설명(warrant)'을 포함한다. 토의나 토론에서 이유(reason)를 대는 것도 논증이다. 주장을 하고 이에 대한 이유나 근거를 댈 수 있을 때 설득력을 지니는 토론을 하고 있다고 볼 수 있다. '이유'와 '결론'을 합하여 '논증'이라고 한다. 문제에 대한 토론자의 주장은 어떤 근거에 의해 뒷받침되어야 한다.

논증의 목적은 '옹호(defense)'와 '반박(refutation)'이며, 의견은 '검증가능성 또는 입증(verifiability)'과 '반증가능성'을 가지고 토론에서 끊임없이 다루어지게 된다. 즉 논증의 주요 내용은 '입증'과 '반박'이고 연역, 귀납, 분석, 종합의 방법으로 접근해 나간다. 일반적으로 논증은 결론과 이를 뒷받침하는 이유들로 진술된다.

어머니가 임신 중에 담배를 피우면, 태어나는 아동이 초등학교에 다니게 되었을 때 읽기의 이해 수준이 낮을 가능성이 매우 높습니다. 1970년대에 태어난 10,000명의 아동들을 대상으로 한 최근 연구는 어머니가 임신 중 흡연을 했던 아동들이 읽기 이해수준이 통계적으로 유의하게 감소하였음을 밝혀냈습니다.

수사학

수사학(修辭學, rhetoric)은 효과적으로 언어를 매개로 사상을 주고받는 방법을 다루는 학문이다. 토론의 목적이 설득에 있는 경우에는 논리적으로 접근하는 것만이 유일한 방법은 아니다. 마음을 움직여서 설득을 해내는 경우도 많다. 토론을 할 때 정확하게 자신의 의사를 말로 표현하는 능력은 잘 교육받은 사람의 덕목이다. 말의 힘은 단지 그 말의 논리적 연결에만 제한되지 않는다. 지식을 공유하고 마음을 나누며 사회적 합의에 도달할 수 있도록 하는 수사학적 능력 또한 토론식 학습의 주요 구성요소이다.

토론에 필요한 능력을 개발한다

토론에 참여하고자 하는 학생들은 기본적인 능력들을 스스로 키울 수 있어야 한다. 예를 들면, 집단으로 토론할 수 있는 상호적 의사소통 능력, 집단을 구성하고 서로 영향을 미칠 수 있는 경청 능력, 토론이 이루어지는 동안 적절히 개입하여 의견을 발표할 수 있는 능력, 다른 토론자가 의견을 말하면 적절하게 대답할 수 있는 능력, 토론에 영향을 미치는 안건에 대한 우려사항들을 규명해 낼 수 있는 능력 등 발달할 수 있는 꾸준한 연습이 필요하다.

토의식 교수-학습에서 학생들이 겪는 어려움

토의식 교수-학습을 통해 학생들은 '새로운 의미'를 배우고 보다 '정확한 의미'를 구축한다. 그러나 토의식 교수-학습에서는 정보나 지식의 정확도가 떨어지거나 전달 속도가 느려지거나 제한될 수 있는 위험도 있다. 따라서 의도했던 토의가 진행되면 학생들은 서로간의 아이디어를 공유하고 협력하여 새로운 의미를 만들어 낸다. 참여자들은 자신의 아이디어를 표현하는 데 애쓰며, 아이디어를 명료화하거나 바꾼다. 또한 참여자들은 자신이 이미 알고 있는 정보를 쉽게 부가시킬 수 있다.

학생들이 토의식 교수-학습에서 겪는 어려움 들여다보기

토의식 수업을 이끄는 교수들은 학생들이 겪게 될 어려움을 미리 들여다보고 이에 대한 적절한 대처방안들을 마음 속으로 그려본다. 여러 사람들 앞에서 이야기하는 것은 인간이 행하는 활동 가운데 가장 스트레스를 많이 받는 활동 중 하나이다. 토의 상황과 같이 다른 사람들 앞에서 이야기 하는 것에 대한 두려움은 여러 가지 이유로 나타날 수 있다. 말해야 할 것을 잊어버리는 것, 부끄러워서 말을 못하는 것, 즉석에서 질문에 답변하지 못하는 것, 지나치게 긴장된 목소리가 나오는 것, 말을 더듬는 것, 목이 말라지는 것 등의 형태로 나타난다.

- 학생들은 다른 사람들 앞에서 이야기 하는 것을 두려워한다. 내향적(introversion) 성격의 학생들은 외향적(extroversion)인 학생들보다 수줍어하는 경향이 많다.
- 다른 학생들 앞에서 멍청하게 혹은 무능하게 보이게 될 것을 걱정한다.
- 학생들은 너무 유능하고 많은 것을 아는 토의자가 되기 위해 애쓰거나, 아주 유능한 TV에 나오는 토의자와 자기를 견주어 보는 경향이 있어 더욱 소극적이 될 수 있다.
- 대부분의 학생들은 토의의 다양한 방법이나 과정에 익숙하지 않다.
- 학생들은 토의에 필요한 자료나 시간이 부족한 상태에서 참여하고 있는 경우가 많다. 충분한 준비를 하지 못했다는 느낌(feeling unprepared)을 가지고 참여한 학생들은 자신이 알지

못하는 것에 대해 토의하는 게 될까 걱정을 하며, 토의주제에 대해 충분히 생각할 시간을 가질 수 있기 전까지 발언을 꺼린다.

- 토의 참여 학생들 간의 상호 협조나 공동 협력이 잘 이루어지기 어렵다. 토의 장면은 학생들에게는 또 하나의 새로운 문화적 풍경이다. 발언 패턴이나 학문적 행동은 낯설고, 의도적 적대감을 느끼도록 만들 수 있다. 이 상황에서 자신이 환영받지 못하는 토의자라는 생각을 하기 쉽다.
- 과거의 토의에서 나쁜 경험(bad experience)을 한 채 새로운 토의에 참여하는 경우도 많다. 집단 전체의 의견에 도전을 하거나, 비전통적인 의견을 표현했다가 다른 학생이나 교수의 쓰라린 비평을 받아. 좀처럼 발언하려 들지 않는다거나 전문가 말이나 교재내용을 단순 반복적으로 언급할 수 있다.
- 교수에게 지나치게 의존적이어서 자신의 의견을 피력하는 것을 어려워할 수 있다. 교수가 토의 중에 너무 빈번하게 개입을 하는 경우에 학생들이 발언보다는 침묵(silence)하기 쉽다.

토의식 교수-학습을 위한 학생 교육

토의할 내용에 대해 미리 자료를 수집하도록 교육한다

- 학생이 토의에서 주장할 내용에 대해 미리 자료를 수집하도록 훈련한다.
- 주장할 내용에 대해서는 집중적인 자료 조사를 하여 근거 있게 발언할 수 있도록 한다.

대다수 학생들의 토의 참여를 촉진한다

- 대부분이 토의에 참여하여야 개별적으로도 유의미한 학습이 일어나므로, 학생들에게 발언 기회가 골고루 주어진다는 점을 강조한다.

적극적 경청

- 상대편 토의자의 의견을 솔직하게 듣고 자신의 의견과 다른 점을 찾아 내용을 명확히 파악한다.

감정적 · 비방적 말 제지

- 토의가 격해지면, 인신공격이나 감정적 말을 하게 되는 것을 설명하고, 되도록이면 논리적 · 이성적 접근이 강조된다는 점을 가르친다.

간결하고 분명한 의사 전달

- 생각을 정리하여 의사표현을 명확하게 전달하도록 권장한다. 의미 전달이 불명확할 경우에는 "조금 전 토의한 내용을 한 문장으로 표현해본다면 어떻게 하겠습니까?"라고 요청할 수도 있다. 다양한 토의 장면에서 명료하게 의사를 표현하는 사전 말하기 연습이 요구된다.

논증할 때 이유를 표현하는 말

- ~의 결과로
- ~의 지지를 받고 있다.
- ~의 증거가 ~있기 때문에
- 연구자들이 ~에서 ~를 발견했다.
- 왜냐하면
- ~사실 때문에 ~

상대 의견의 명확한 이해

- '말(talk)은 사고(thinking)이다'라는 말이 있다. 사람에 따라 자신의 의견을 표현하는 방식이 아주 다르다. 조용하게 혹은 큰 목소리로 말하는 사람이 있는가 하면, 서두는 길게 본론은 짧게 말하는 사람도 있다. 말하는 유형이 어떠하든지 관계없이 상대의 의견을 명료하게 이해할 수 있을 때 쌍방간 토의가 활발해질 수 있다.

토의식 교수-학습에 나타나는 학생들의 행위

토의에는 참여하는 교수 및 학생들의 '생각(thinking)'과 '정서(emotion)'가 함께 작용한다. 즉 토의자가 말하고 있는 의견 이외에도 자세, 표정, 제스처, 전체적인 흐름이나 분위기 등이 공존하고 있다. 그리고 교수-학습이 어떠한 맥락에서 이루어지느냐도 내용에 상당한 영향을 미치지만, 토의식 수업에 개입되는 학생들의 행위를 파악하는 것도 효과적인 진행에 도움이 된다.

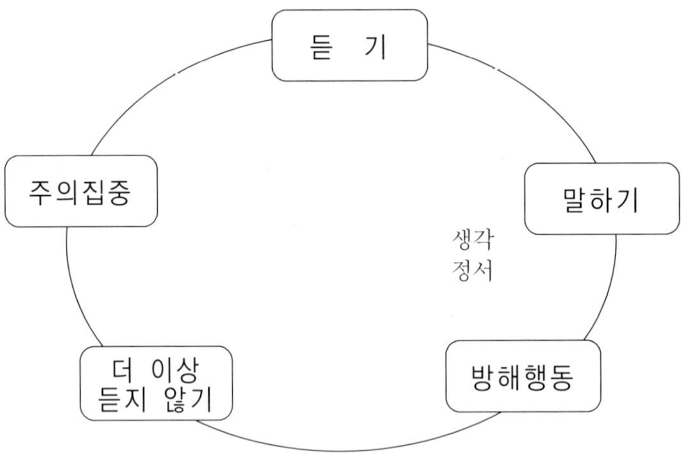

토의와 토론에 나타나는 학생들의 행위

주의집중

'주의집중(attending)'은 학생들이 토의 상황에서 보통 처음 하는 작용이며 다른 토의 중의 듣기나 말하기와 같은 행위들과 모두 연결되어 있다. 주의집중의 중요한 역할은 맥락의 어느 면에 주의를 기울일지 그리고 다음 작용이 무엇인지를 결정하는 것이다. 이때 학생의 감정과 인지는 모두 주의집중에 영향을 미친다. 만약 학생이 어떤 특정한 상황에 계속해서 부정적인 감정을 느끼면, 일정 시간이 지난 후 학생들은 습관적으로 주의집중에서 더 이상 듣지 않기의 작용으로 이동한다(Do & Schaller, 2004).

말하기

사고와 정서의 상호작용에 의해 학생들은 서서히 말하기(talking) 상태로 가게 된다(Do & Schallert, 2004). 말하기에서는 '이해하기 위해 듣는 것'의 수준에서 '언제 자기 자신의 의견을 내는지에 관련된 듣기' 상태로 바뀐다.

주의집중

말하기

듣기

듣지 않기

토의의 '말하기'에서는 주로 세 가지 유형의 참여자를 볼 수 있다. 첫째는 '토의의 전사(warrior)'라고도 하며 다른 토의자에게는 기회조차 주지 않고 토의를 독점하는 유형이다. 둘째는 '토의의 벽화(wall-flower)'라고 하는 유형으로 토의시간 내내 가만히 앉아 진행에 전혀 참여하지 않고 듣기만하는 유형이다. 셋째는 토의에 적절히 참여하고 조리있게 논리를 펴나가면서 다른 토의자에게도 기회를 주고 중간에 끼어들지 않는 유형이다. 토의의 전사나 벽화에 해당되는 유형은 일반적으로 환영받지 못한다.

듣 기

'듣기(listening)'는 학생들이 내용에 집중하여 정보처리를 진행하는 단계이다(Do & Schallert, 2004). 토의를 들을 때 학생들은 내용뿐만 아니라, 현재 누가 말하고 어떤 방식으로 말하는지, 어떤 태도인지 등의 사회적인 맥락도 함께 처리한다.

토의와 토론을 방해하기

토의와 토론이 진행되는 중에 개인적인 속삭임이나 무관한 일로 떠드는 행위이다. 사회자의 진행을 막고, 이야기의 흐름을 흩뜨린다. 중요한 정책결정에서는 토의자가 토의 진행을 막거나 의사결정을 지연시키기 위해 일부러 방해 행위를 하기도 한다.

더 이상 듣지 않기

'더 이상 듣지 않기(tuning out)'는 학생들이 현재 듣고 있는 내용에 대해 적극적으로 정보를 처리하지 않고 흘려버리는 상태(hearing but not processing fully)이다. '더 이상 듣지 않기'는 크게 세 가지 이유에서 발생한다. 첫째, 학생들이 토의를 듣는 동안 내용이 지루하거나, 둘째, 어떤 학생이 말하는 태도에 대해 화가 나거나 하는 부정적인 감정을 느낄 때, 셋째, 말하기와 관련된 불안감이 과도하여서, 자신이 말을 한 후에 다른 학생의 의견을 처리하지 않기로 하는 경우 등이다(Do & Schallert, 2004).

토의 중의 '말'

토의 중에 일어나는 여러 가지 종류의 '말(talk)'에는 논쟁적 · 축어적 · 절차적 · 탐색적 말의 유형이 있다(Mercer, 1995). 논쟁적이거나 축어적인 말에 비해 '탐색적 말'이 증거와 이유뿐만 아니라 대안을 고려해 나가기 때문에 토의를 현재 상태에서 보다 진보된 상태로 이끈다.

논쟁적 말

'논쟁적 말(disputational talk)'은 의견에 동의할 수도 있고 동의하지 않을 수도 있는 발언이다. 논쟁적 말로 인해 참여자들은 편안하게 느끼지 못하거나 가치갈등을 느낄 수 있다.

> 논쟁적 말 예시
>
> 원자력 발전소는 한국의 환경을 오염시키기 때문에 국내가 아닌 외국에 건설해야 한다.

축어적 말

'축어적 말(cumulative talk)'은 아이디어+아이디어+아이디어 식의 가법적인 말이다. 축어적 말이 지나치면, 토의를 앞으로 나아가게 하지 못하게 할 수 있다.

> **축어적 말 예시**
>
> 토의자 1 : 우리 사회의 지적 및 문화 수준은 급속히 저급하게 흘러가고 있는데 대학에서 고전읽기로 대학문화를 과대 포장하고 있지요.
>
> 토의자 2 : 고전읽기를 고급 사치로 보아도 되겠지요. 한 편에서 보면 고전읽기 배경에는 수요와 공급이 맞아 떨어지는 데 있어요. 한쪽에서는 대학차원의 수요가 있구요. 다른 한쪽에서는 한대, 위진남북조 시대의 고전을 현대의 요구에 따라 재해석하면서 자꾸 불러냅니다.

절차적 말

'절차적 말(procedural talk)'은 Day 등(2002)이 발견한 것으로 많은 토의에서 지배적으로 나타나는 말이다. 아이디어보다는 무엇이 일어나야 하는가에 대해 말하는 것이다.

> **절차적 말 예시**
>
> 우리 사회의 자양분으로서 고전읽기를 이끌어 나가기 위해서는 현재 고전읽기의 문제를 점검하고 올바른 읽기 교육이 중요하겠지요. 그렇다면 먼저 고전이란 무엇인가에 대한 정리부터 필요하다고 봅니다. 사회과학 분야부터 생각해 볼까요?

탐색적 말

'탐색적 말(Exploratory talk)'은 가장 생산적인 종류의 말이다. 토의에서 증거와 이유를 찾고, 대안적 가설을 제안하는 말이다.

> **탐색적 말 예시**
>
> 수상 스케이팅은 매우 위험하기 때문에 법적으로 활동을 엄격하게 규제해야 합니다. 운전자들은 자신뿐만 아니라 남들도 다치게 할 수 있으며, 한꺼번에 많은 사람이 몰려들어 북한강이나 남한강과 같은 강물의 환경오염을 일으키기 때문에 활동을 제한해야 합니다.

오 류

토의 참여자들이 주장하는 내용에 모순이 담겨 있으면 토의가 성립되지 않는다. 토의에서는 주장과 이유의 관계가 타당하지 않은 경우에 '논증의 오류를 범한다'라고 표현한다. '논증의 오류'는 모순뿐만 아니라. 토의에서 이루어지는 발언이나 논의 자체의 힘을 잃게 해 버린다.

결론절취

결론에서 제시하는 내용을 전제로 표현하거나 포함시켜 주장을 정당화 하지 못하는 경우이다. 예를 들면 '나는 한국에서 살고 싶다. 왜냐하면 나는 한국에 사는 것을 좋아하기 때문이다.' 첫째 문장은 두 번째 문장 내용으로 뒷받침되며 내용의 연결 모순은 보이지 않는다. 그러나 두 번째 문장은 첫 번째 문장과 거의 비슷한 내용이므로 근거의 역할을 해내지 못한다.

과일반화

부분의 속성을 가지고 전체 속성으로 확대하는 오류이다. 예를 들어 한 두 명의 왕따를 관찰하여 행동 특성을 보고하고 그것이 왕따의 특성이라고 규정하는 경우이다. 토론에서 주장을 말하고 이어지는 논지에서 제시하는 사례들이 전체를 대표할 수 있는지 살펴보아야 한다.

엉뚱한 결론

처음 의도했던 결론을 내리기 위해 시작한 토의가 그것과 전혀 다른 결론으로 종결되는 경우이다. 예를 들면 학교에서 수업 중 학생들의 휴대폰 사용을 줄이는 토의를 하게 되었다. 그러나 수업 중 학생들의 휴대폰 사용을 제재하는 것은 교수의 시간을 빼앗아 가므로 행정관을 따로 고용하여 교실 관리를 맡기는 것이 좋다는 결론으로 끝나는 경우 본래 목적한 바와 전혀 엉뚱한 결론을 낸 것이다.

거짓원인

토의에서 주장하는 내용의 실제적 원인이라고 할 수 있는 충분한 근거가 되지 않는 것을 원인으로 들어 제시하고 결론을 도출하는 경우이다. 예를 들면 "학교에서 휴대폰 사용을 금지했더니 학생들의 싸움이 증가한다"는 주장과 같이 우연한 일이 동시 또는 전후에 발생해서 그것이 원인이라고 주장하는 오류이다.

인신공격의 오류

토의에서 주장한 내용은 논박하지 않고 발언한 사람을 공격하는 오류이다. 사회적인 편견이나 특정인에 대한 공격 등이 원인이 되어 발생한다. 예를 들어 "특정 학생이 말하는 것이면 아예 믿을 수 없다"는 식의 주장으로 내용보다는 사람의 감정적 판단에 초점 맞추게 되는 오류이다.

복합 질문의 오류

토의에서 두 가지 이상의 복합적 질문에 단순한 대답을 하여 범하는 오류이다. 예를 들면 "학생들이 수업 중에 휴대폰을 사용해서 그렇게 상급학교 진학을 못하게 되었습니까?"라는 질문에 '예'라고 답하면 결국 두 가지 방식으로 생각할 수 있게 된다. 하나는 '상급학교 진학을 못하게 되었다'라는 것이고 다른 하나는 '학생들의 수업 중 휴대폰 사용'을 인정하는 것으로 간주할 수 있다.

의회식 토론

세계적으로 가장 발달된 논쟁식 토론은 '의회식 토론(parliamentary debate)'이다. 하나의 문제에 대해, 찬성하는 측과 반대하는 측으로 나누어 논리적 근거나 증거를 제시하여 의견을 공방하는 방식이나, 청중은 토론에 직접적인 참여를 하지 않는다. 영국 의회에서 의사결정 방식으로 도입한 의회식 토론은 미국에서 제도화된 형태로 발달했다. 미국은 1776년 독립선언과 파리조약을 통한 국제적 독립 승인 후, 1989년에 미국 연방제 기반의 정부의 출발로 여러 주의 의원들이 함께 모여 국가의 여러 가지 사안에 대해 의사결정을 해야 했다. 따라서 자연스럽게 의회식 토론이 뿌리를 내리게 되었다.

의회식 토론의 참여자

훌륭한 의회식 토론이 되기 위해서는 규칙을 잘 지켜야 한다. 참여자 , 토론시간, 참여과정 등에 대한 숙지가 요구된다. 의회식 토론에서는 대립적 주장을 통해서 바람직한 결론에 도달하는 것을 목표로 한다. 의회식 토론에서는 토론자의 위상 차이를 인정한다. 수상(prime minister), 당수(leader of opposition), 여당 각료(member of government), 야당 의원(member of opposition)이 참여하는데 이들의 지위가 다르므로 수상과 당수는 각각 2번씩 토론하고, 여당 각료와 야당 의원은 1번 토론한다. 학교에서는 여당이나 야당의 개념보다는 대립적인 의견을 가진 토론팀과 이를 이끌어갈 사회자 선정 등의 방식으로 진행한다.

- 수상 혹은 국무총리
- 당수 혹은 야당대표
- 여당 각료 혹은 부총리
- 야당 의원 혹은 야당원내대표

의회식 토론의 토론 시간

의회식 토론에서는 토론하는 시간이 제한되어 있다. 보다 정확하게 말하면 발언시간과 순서의 규정이 있다. 의회식 토론은 휴식시간이나 진행 관련 시간을 빼면 총 40분이 소요된다. 의회식 토론에서는 발표의 공정성을 기하기 때문에, 찬성과 반대 측의 토론 시간이 같다. 의회식 토론에서는 서로 직위가 다른 수상, 당수, 여당 각료 및 야당 의원이냐에 따라 토론 배당 시간에서 조금의 차이가 있다. 찬성 측 토론자(수상)가 입론하는 시간이 '7분', 이에 맞서서 반대 측 토론자(야당 당수)가 입론하는 시간이 '8분'이다. 찬성측 토론자는 하나의 주장을 긍정문으로 표현하여 시작한다. 찬성 측 토론자(여당 각료)가 이어서 입론하는 시간이 '8분', 반대 측 토론자(야당 의원)가 입론하는 시간이 '8분'이다. 계속해서 찬성 측 토론자가 반론하지 않고 반대 측 토론자(야당 당수)가 반론(rebuttal)을 제기하는데 이에 할당된 시간이 '4분'이다. 마지막 토론자로 찬성 측 토론자(수상)가 '5분' 동안 반론을 제기한다. 처음 시작할 때 '찬성 1 입론'이 '반대 1 입론'보다 1분 적은 대신에 마지막 '찬성 반론'이 1분 길다. 전체적으로 발언의 공정성을 확보하고 있는 토론 방식이다.

찬성 1 입론	7분
반대 1 입론	8분
찬성 2 입론	8분
반대 2 입론	8분
반대 반론	4분
찬성 반론	5분

찬성 측이 토론의 시작과 마지막에 발언할 수 있는 데 반해 의회식 토론에는 반대 측의 '반대 구획(opposition block)'이 마련되어 있다. 반대 측 토론자 2의 입론에 연결해서 반대 반론이 계속된다. 반대 측은 입론과 반론을 합쳐서 한 번에 12분 동안 발언할

수 있다. 이 때에는 찬성 측 토론자의 제지 없이 반대 팀이 연속적으로 발언할 수 있기 때문에 '반대구획'이라고 명칭을 붙인다. 반대구획을 통해 반대 측이 12분 동안 발언을 하는데, 찬성측이 이어서 4분 발언만을 하게 되면 최종 의사결정의 공정성을 잃을 수 있으므로, 찬성 측 토론자 1의 입론에서 1분을 빼내어서 마지막 찬성 측 토론자의 반론에 4분이 아니라 5분을 제공한다.

의회식 토론에서의 '정보의 지적'

의회식 토론에서 '정보의 지적(point of information: PI)'은 상대편에게 말은 사용하지 않은 채 손짓과 몸짓으로 관련 의사를 표현하는 방법이다. PI를 표현하고 싶은 토론자는 앉아있던 자리에서 일어나서 한 손은 펴서 머리에 얹고 다른 한 손은 손바닥을 위로 해서 앞 혹은 옆으로 발언 진행중인 반대측 토론자 편으로 쭉 편다. 상대편에게 반대의견이나 상충되는 관점이 있다는 것을 표현하는 방식이다. 최근에는 국제 토론 대회에서 머리에 손을 얹는 것을 빼고 주로 손바닥 위로 하여 현재의 발언자에게 쑥 내미는 형태를 많이 쓴다. 여기서 주의할 점은 토론자가 반론(rebuttal)할 때에는 '정보의 지적'을 사용하지 않으며 상대편이 입론할 때만 사용할 수 있다.

의사진행발언

토의자는 '의사진행발언(point of order)'을 의장이나 사회자에게 신청할 수 있다. '의사진행발언'은 회의진행 방법에 대해 대한 의견을 제기하는 경우가 대부분이다. '의사진행발언'은 내용범위가 넓고 의도적으로 의사진행을 방해하는 경우가 있으므로, 발언의 요지를 의장이나 사회자에게 미리 통지한다. 의사진행발언은 일반적으로 서류로 신청하는 것을 원칙으로 정해둔 경우가 많다.

휴식시간

찬성 측과 반대 측의 발언 후 잠시 제공하는 휴식시간은 단순히 쉬는 시간이 아니라, 지금까지 토론에서 부족한 점이나 강조해야 할 점을 같은 측의 구성원들끼리 의견을 모으고 전략을 짤 수 있도록 하는 시간이다. 먼저 발언한 토론자와 나중에 발언하는 토론자들이 휴식시간에 다음 발언에 필요하다고 생각하는 토론내용을 서로 말하고 나눈다. 즉 같은 편의 토론자들은 토론이 이루어지고 있는 현재의 전체 흐름을 읽어나가면서 다음 발언에서 제안해야 할 것과 생략할 내용들을 상호 협력하여 결정한다. 휴식시간이라기보다는 토론 전략을 가다듬는 시간이라고 보면 된다.

발언 순서와 시간 관리

의회식 토론에서 토론자는 순서를 지켜서 발언한다. 일반적으로 의회식 토론과 같은 논쟁식 토론에서는 '시간 통고자(time-keeper)'나 심판자 또는 판정관이 수신호를 통해 발언경과시간이나 잔여시간을 알려준다. 대개 토론이 진행되는 동안 전광판식 타이머를 사용하므로 참가자들이 자발적으로 시간을 조정한다. 예정된 시간이 지나면 '시간 통고자'는 시간 종료 신호를 보내준다. 시간 종료 신호를 받으면, 15~20초가 넘지 않는 시간 내에 토론자는 자신의 발언을 끝내야 한다.

국가 토론 토너먼트

'국가 토론 토너먼트(National Debate Tournament : NDT)'는 대학생 토론 대회나 고등학교 토론 대회에서 흔히 활용하는 방법이다. 학생들의 기본적 지식의 습득과 이해력 및 적응력 신장에 활용할 수 있는 NDT는 교차 조사 토론(Cross-Examination Debate Association : CEDA) 방식이라고도 칭하며 '정책 결정 토론 모형(policy making debate)'이라고도 한다. 일반적으로 NDT에는 72분의 긴 시간이 소요된다. 의회식 토론에서 발언기회의 차이가 있는 것을 보완하여, 두 번씩 공평하게 토의할 수 있도록 재구성한 방식이다. 의회식 토론에서와 마찬가지로 휴식시간을 제공하며 발언순서나 시간관리를 엄격히 하는 편이다.

찬성 1 입론	9분
반대 2 토론자의 교차조사	3분
반대 1 입론	9분
찬성 1 입론자의 교차조사	3분
찬성 2 입론	9분
반대 1 토론자의 교차조사	3분
반대 2 입론	9분
찬성 2 입론자의 교차조사	3분
반대 1 반론	6분
찬성 1 반론	6분
반대 2 반론	6분
찬성 2 반론	6분

'교차조사(cross examination)'는 토론에서 반대 측 토론자 2, 찬성 측 토론자 1, 반대 측 토론자 1, 찬성 측 토론자 2의 순서로 질문하는 방식을 말한다. 일반적으로, 다음 토론을 준비하지 않는 토론자가 교차조사에 참여한다. 토론 대회에서 시간이 너무 많이 걸리는 것을 보완하기 위해 토론자의 교차조사를 빼고 '찬성 1 입론', '반대 1 입론', '찬성 2 입론', '반대 2 입론', '반대 1 반론', '찬성 1 반론', '반대 2 반론', '찬성 2 반론'의 순서로 진행하기도 한다. 토론시간 길이는 대회 참여자의 연령, 관심수준, 주최측의 여력 등에 따라 조절이 가능하다.

제2부

토의식 교수-학습의 유형

피라미드 토의

많은 학생들이 교수를 보고 일직선 상태로 앉아 있는 교실에서 막상 토의식 수업을 진행하고자 하면, 진땀이 나기 쉽다. 피라미드 토의는 이 경우에 2인 토의, 4인 토의, 8인 토의, 전체 토의로 진행시키는 방법이다. 이는 중간에 주제를 바꾸지 않고 2인 토의에서 전체 토의까지 연결시켜야 한다.

피라미드 토의는 토의 규모가 점점 커진다는 의미에서 '눈송이(snowballing)' 토의라고도 한다(jacques, 1992). 처음에는 2인에서 시작하여 몇 분 안에 보다 큰 토의 그룹으로 발전시키는 방식이다. 대집단 토의가 형성될 때까지 토의 규모를 점진적으로 확대시켜 나간다.

1단계 〈2인 토의〉

- 학생들이 좌석에 앉아 있는 경우라면, 가까이 앉아 있는 두 명의 학생끼리 교수가 낸 주제를 토의한다.

2단계 〈4인 토의〉

- 1단계에서 2명씩 짝을 지어 토의한 팀이 다른 팀과 합류하여 같은 주제에 대해 토의한다.

3단계 〈8인 토의〉

- 2단계에서 토의한 팀이 2단계의 다른 팀과 합류하여 같은 주제에 대해 토의한다.

4단계 〈전체 토의〉

- 3단계까지 거친 팀들이 모두 모여 같은 주제에 대해 토의한다.

- 피라미드식 토의의 1 · 2 · 3 단계를 거치거나 혹은 1단계만 수행한 뒤 전체 토의로 바로 연결시켜도 된다.

회의식 토의

'회의식 토의'는 2명 이상의 학생들이 모여서 문제나 주제를 이야기하거나 의사결정을 내리기 위해 수행하는 활동이다. 일정한 규칙이나 순서를 정해서 진행하는 경우가 일반적이다.

- 모든 학생들의 능동적 참여가 회의식 토의의 핵심 요건이다.
- 스터디 그룹의 학습계획이나 연간계획 작성, 학생자치회, 서클활동 등에서 빈번히 사용된다.

원탁식 토의

'원탁식 토의'는 '라운드 테이블 토의(roundtable discussion)'라고도 하며, 5~15 명의 인원이 원탁 주변에 둘러앉아 규칙이나 형식에 구애 없이 자유로운 분위기에서 토의가 이루어지는 방식이다. 반드시 둥근 탁자를 사용하는 것은 아니고 이러한 형식으로 이루어지는 토의법이다. 실내뿐만 아니라 실외에서도 개최할 수 있다. 원탁식 토의에 참여하는 사람은 누구든지 자유로운 의사표현을 할 수 있다.

참가인원

- 5~10명 정도의 소규모 집단

참가자

- 충분한 경험을 지닌 사회자
- 전문지식을 가진 토의자, 청중들 또는 관찰자

유의점

- 참가자 모두가 발언할 수 있는 기회를 제공한다.
- 집단구성원간의 충분한 협조와 개방적인 자세가 요구된다.
- 공동체 의식이 필요하다.
- 소요되는 시간을 사전에 공고한다. 주제 별로 1시간 30분에서 2시간 정도가 일반적이다.

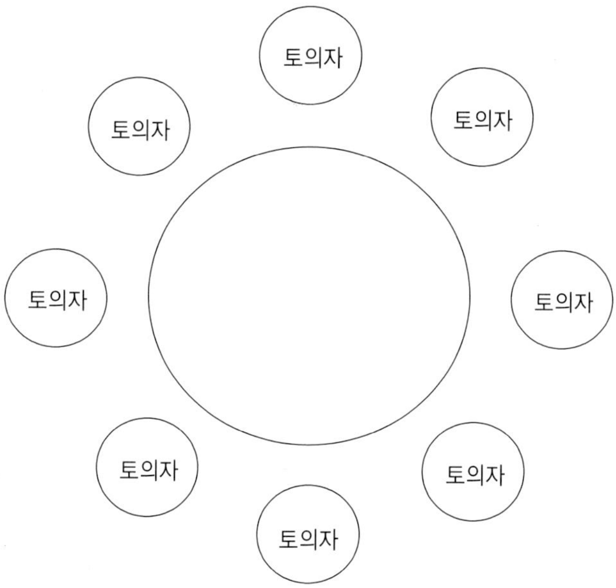

원탁식 토의

* (주) 그림에서 사회자도 토의자에 포함시킴

일반적 절차

- <사회자> 토의 주제를 소개한다.
- <토의자> 각자의 의견을 말한다.
- <사회자> 각자의 의견을 종합한다.

- <토의자> 자신의 의견을 보충, 수정하고 한 가지로 의견을 모은다.
- 의견을 종합, 정리한다.

원탁식 토의 진행 단계

다음에 나오는 토의의 진행단계는 주로 사회자가 참고할 내용으로 일반적인 원탁식 토의를 다룬 순서이다. 그러므로 다인수 토의나 발전 토의 또는 훈련용 개발 토의 등에서는 변화시킬 수 있다.

주제 제시

우선 주의를 집중시켜 알기 쉽게 주제를 설명하고 주제의 토의 동기나 사유를 밝힌다. 주제의 제시는 가능한 한 쉬운 방법으로 상세한 것이 좋으며 그 반응에 따라 토의의 방법을 채택한다. 명확하지 못한 주제 제시는 토의를 산만하게 만들거나 혼돈에 빠뜨리기 쉽게 만든다.

문제 분석

주제에 따라 문제를 파악하고 이를 분석한다. 이는 토의의 본격적인 도입단계로서 토의의 맥을 찾는 중요한 실마리가 된다. 여기에서 토의의 방향과 흐름을 잡아 토의의 범위를 잡아 나가지 않으면 토의가 산만해지고 시간 조절이 어렵게 될 경우가 생긴다.

사실 수집

분석된 문제에 대해 사실을 모으고 정리한다. 토의는 공정한 사실을 바탕으로 이루어지는 것이므로 정확한 정보를 교환해야 결론 역시 신빙성을 지닐 수가 있다. 사실을 수집하는 단계에 있어서는 주제에 비추어 체계적으로 자료를 정리하고 가치를 판단하여 요약해 나간다. 이 단계에서는 우선순위를 매겨가며 사회자가 토의를 주도적으로 진행할 필요가 있다.

구체적 의견 교환

본격적인 토의의 시작이며 지금까지 사회자가 걸어놓은 발동에서 참가자 중심으로 전환하는 단계이다. 그러므로 여러 사람의 다양한 의견을 적절히 수용하고 정해진 시간을 참작하여 토의 자체를 구체화시켜 나간다. 토의가 전문성을 띠고 시간이 충분할 때는 이 단계에서 비교적 깊은 수준으로 토의가 진행될 수도 있다. 의견대립이 구체화될 때 사회자는 토의 분열에 주의하여 적절하게 대응해 나가야 할 것이다. 문제해결 및 대안 마련은 이 단계에서 이루어진다. 세부적인 의견 교환을 통해 체계적으로 세부적인 교환을 통해 문제해결 및 대안 마련이 이 단계에서 이루어진다.

의견 종합

여러 가지 의견들을 체계적으로 종합해 정리하는 단계이다. 문제해결을 바탕으로 지금까지 나왔던 의견에서 미비한 부분 등을 보충해 각자의 의견을 종합한다. 의견의 종합과정에서는 협조적인 분위기가 중요하며 참가자들이 일치된 결론에 이를 수 있도록 유의해야 한다.

결론 도달

토의의 결론은 전원에게 지지해야 되는 것이고, 이 과정에서는 모든 참가자들이 결론을 얻는 데 공헌했다는 느낌과 오랜 시간을 들여 찾아 낸 결론을 이해하는 것 또한 중요하다. 그러므로 사회자는 처음 제시되었던 토의목표와 비교·분석하여 결론을 정확하게 요약해 줄 필요가 있다. 그러나 모든 토의가 결론이 나오는 것은 아니므로 이런 경우 마무리 상황을 만들어 토의를 종결시켜야 할 것이다.

참가자 유의사항

- 전원이 주제를 이해하고 발언하고자 하는 의욕을 지녀야 한다.
- 발언을 할 때에는 가능한 한 전원을 향해서 이야기한다.

- 토의내용을 간단히 메모해 나간다.
- 다른 발언자의 말을 존중하고 귀담아 듣는다.
- 토의 주제에서 이탈하지 않도록 한다.
- 상대방을 불쾌하게 만들 발언은 삼가한다.
- 발언은 일정 시간 내(약 2~8분이 적당)에 끝내도록 한다.

필립스 고등학교의 하크니스 테이블

미국 명문 필립스 엑스터 고등학교(phillips Exeter Academy)에서는 '하크니스 방식(Harkness Hethod)'이라 칭하는 원탁식 토의 수업을 진행하고 있다. 1930년경에 석유재벌가였던 Edward Harkness가 커다란 원형탁자를 학교에 기증하게 되면서 수업에 활용하고 있다. 13명의 학생들과 교사 1명이 하크니스 테이블에 앉아 미리 토의할 내용을 가지고 와서 학생들이 주도적으로 토의해 나간다.

패널식 토의

패널 토의

같은 관점을 가진 학생 집단과 다른 관점을 가진 학생 집단이 대표 토의자를 2~5명 정하여 찬·반 토의를 실시하도록 하는 방법이다. 패널 토의(panel discussion)는 토의 집단 구성원이 많아서 모두에게 발언할 기회를 제공하기 어려울 때 몇 명의 대표 토의자가 의견을 논하는 유형이다. 시간적 여유가 되면, 패널 구성원을 바꾸어 가면서 토의를 실시한다.

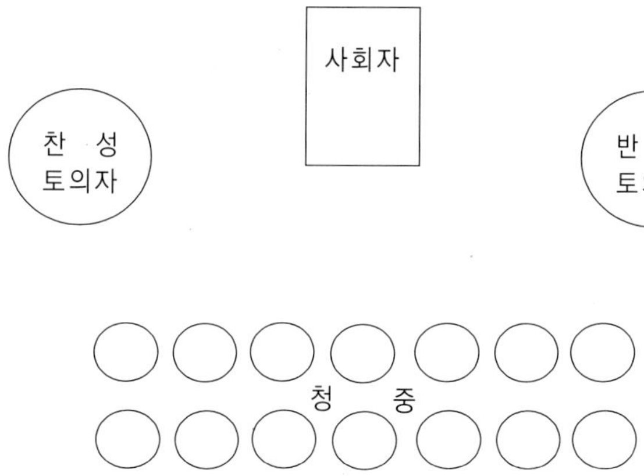

패널 토의

방 법

- 학생들이 찬성과 반대측에 각각 2명 이상 위치하도록 하여 찬성측부터 발언을 시작한다. 예를 들면 "한국의 모든 대학은 통합해야 한다"는 주장에 있어서의 찬성측과 반대측이 청중에게 모두 보이는 자리에 앉도록 한다.
- 사회자는 찬성과 반대측의 휴식 시간을 둘 수 있다.
- 패널 토의는 일반적으로 의회식 토론의 방식을 따른다.

어항식 토의

어항식 토의(fish bowl)는 한 집단이 토의하는 것을 다른 집단이 어항을 보는 듯 토의과정을 자세히 관찰하는 것이다. 시간적 여유가 되면 참가한 두 집단의 역할을 바꾸어 준다.

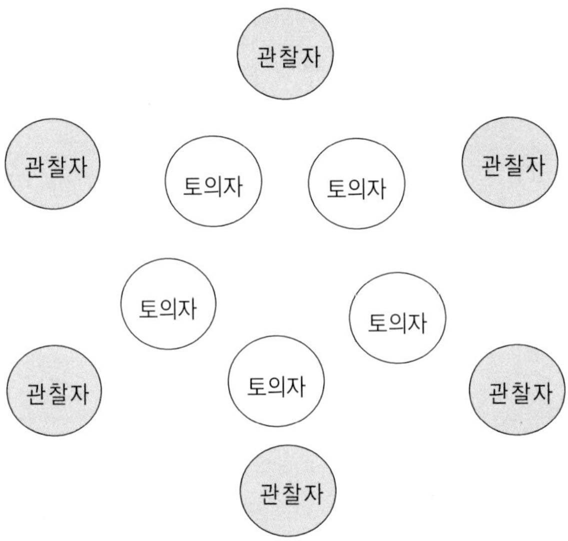

어항식 토의

목 적

어항식 토의 활동은 많은 목적이 있다. 이 토의는 집단 토의에서 '토의 기술(discussion skills)' 이외에도 '관찰 기술(observation skills)'이나 '내용 지식'의 구축을 돕는다. 학생들이 토의 참여자로서 자신들의 수준과 자질에 관해 생각하도록 할 수 있다(Baloche 등, 1993)

방 법

- 학생들이 두 개의 원을 지어 앉도록 하고, 내부 원에 앉은 학생과 외부 원에 앉은 학생을 짝지어 준다.
- 내부 원에 앉은 학생들에게 사고를 불러일으키는 토의 질문(discussion question)을 제시한다.

• 내부 원의 토의가 진행될 때, 외부 원에 앉은 학생들은 내부 파트너의 토의 행위를 노트한다.
• 내부 원에 앉은 학생들의 토의 이후에는 외부 원에 앉은 학생들이 자기의 파트너에게 구성적 피드백을 제공한다.
• 파트너는 자리를 교환해서 앉고, 새로운 질문을 제시한다.

심포지엄

의미와 방법

심포지엄(symposium)은 고대 그리이스 및 로마의 담화나 좌담 형식의 토의이다. 심포지엄이라는 용어는 학문적으로 이야기를 나누는 교양인의 모임이라는 의미에서 유래되었다. 현대적인 의미로는 하나의 토의주제에 대해 전문적인 지식인 식견이나 다른 관점을 가진 사람들을 몇 명 초청하여 의견을 발표하는 형식이다. 심포지엄에서 한 명의 참가자가 담당하는 시간은 30분~3시간 정도이다.

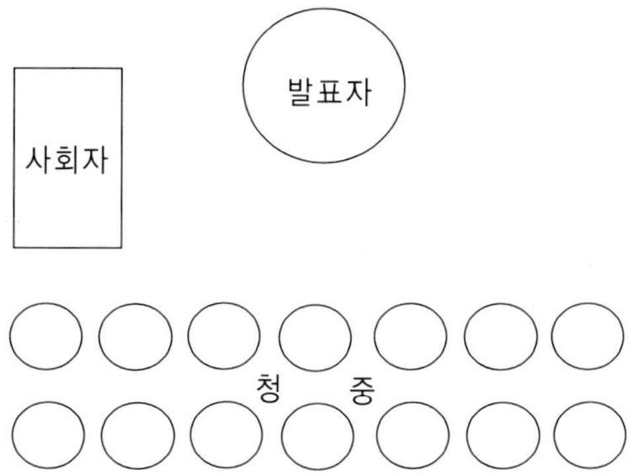

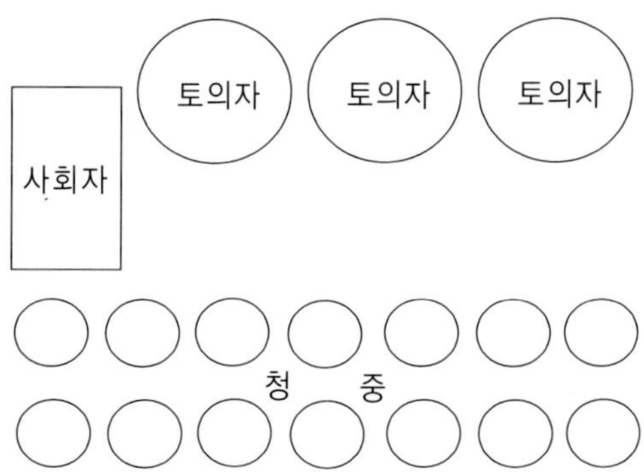

심포지엄

버즈 토의

버즈 토의

필립스(J. Phillips)가 창안한 버즈 토의(buzz discussion)는 한 주제에 대해 6명씩 그룹을 지어서 6분 정도 토의하는 방법이다. 교실 전체가 '벌들이 윙윙대는 소리'로 시끌벅적하다는 의미에서 버즈토의라는 용어를 사용한다.

◉ 방 법

- 여섯 사람이 먼저 모둠을 만든다.
- 주제에 대해 6분간 토의한 다음 그 결과를 가지고 전체집단이 토의한다.

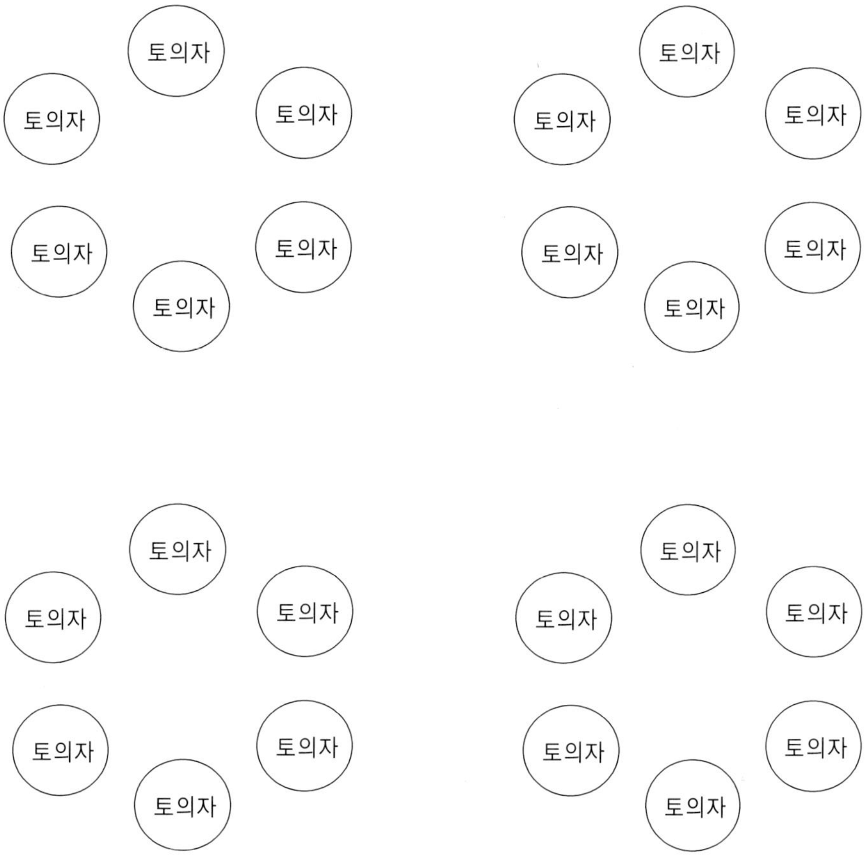
토의자
토의자
토의자
토의자
토의자
토의자
토의자
토의자
토의자
토의자
토의자
토의자
토의자
토의자
토의자
토의자
토의자
토의자
토의자
토의자
토의자
토의자
토의자
토의자

버즈 토의

악마의 주장법

'악마의 주장법(devil's advocate method)'은 천주교에서 '성인(saint)'으로 추대된 각 후보에 대해 교회가 엄격한 심사를 거쳐서 '성인으로서 적격이 되지 않는 이유'를 실증적 자료를 통하여 주장하는 데에서 유래되었다. 이때 주장을 하는 사람을 '악마(devil)'라고 칭한다. 일반적 토의에서 '악마의 주장법'은 이미 제시된 '안(案)'의 '약점'이나 '단점'을 토의해서 특정한 '안'이 가지는 문제점들을 최대한 파악해낼 수 있는 장점이 있다.

U형 토론 포럼

'U형 토론 포럼(U-debate Forum)'은 학생들이 한 주제를 각각 다른 견해로 다룰 때 도움이 된다(Athanases, 1998).

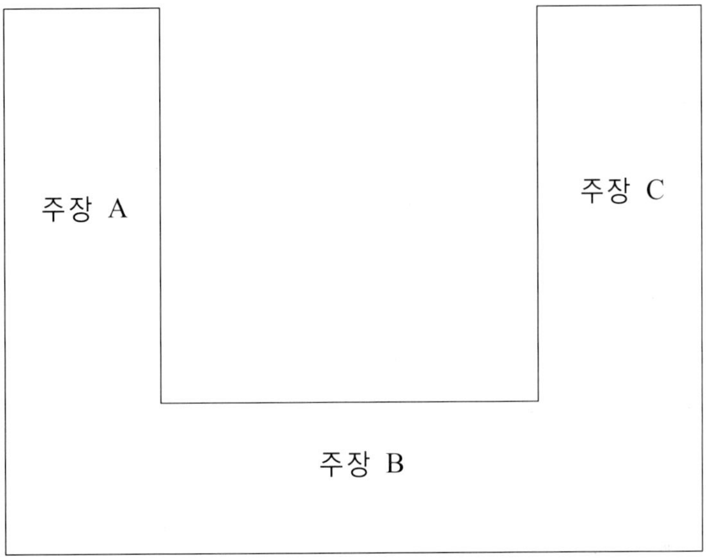

U형 토론 포럼 좌석 배치

- 모든 좌석을 U형으로 교실을 배치한다. 학생들에게 자신의 관점에 일치하는 좌석에 앉도록 한다. 주장A에서 주장B와 주장C에 이르는 각 관점 별로 토의한다.

- 학생들은 본인 좌석의 관점을 이미 숙지하고 있으므로 관심이 없는 견해에 대해서도 공유가 가능하다.

- U형 토론 포럼에서는 관점이 변화함에 따라 좌석을 이동할 수 있다.

제3부

상호작용을 높이기 위한 토의 전략

용모와 자세

커뮤니케이션 분야를 오랫동안 연구해 온 캘리포니아 대학의 Mehrabian 교수는 말하는 사람의 의미전달이 7%는 실제적인 '말'을 통해서 이루어지고, 38%는 '말하는 방식(paralinguistic)', 55%는 '얼굴표정(facial expression)'을 통해서라고 주장했다. 이는 시각적 스타일이나 표현, 음성 톤 등의 비언어적 메시지가 가지는 힘의 중요성을 보여주고 있다.

단정한 용모

- 토의 장면에서 첫 인상은 토론자의 말보다 용모이다. 용모가 주는 인상은 매우 지속적이어서 토의 내내 분위기를 결정한다.
- 깨끗한 옷과 깔끔한 신발의 단정한 옷차림이 적절하다.

곧고 바른 자세를 취한다

- 토의 참가자들에게 인사를 할 때에는 눈부터 가슴에까지 이르는 '존중역(honor zone)'이라 불리는 부분이 다른 사람의 시선에 보여 지는 것이 좋다. 이는 신뢰감과 안정감을 준다.
- 발언할 때 배에 힘을 주고 어깨를 펴서 목과 머리가 일직선이 되면 편안한 목소리가 나온다.

손은 편안하게 둔다

- 발언할 때 팔짱을 낀다거나 뒷짐을 지는 자세는 좋지 않다.
- 특히 조심해야 하는 것은 손가락 끝을 상대방에게 향하지 않도록 하는 것이다.

말을 하다가 적당히 멈추어 듣는 사람들의 반응을 살핀다

- 토론은 독백이 아니라 상호작용으로 이루어지는 것이다. 토론에서 '침묵의 미'인 '잠시 멈추기(pause)'는 발언자의 의사전달에 있어서의 설득력을 높여준다.

시 선

발언을 처음 시작할 때 시선은 말하는 쪽의 정면에 앉은 참가자 쪽으로 둔다

- 시작할 때는 시선을 정면에 두는 것이 안정감이 있다.
- 될 수 있으면 토의하는 사람들을 직접 대면하는 것이 바람직하다. 눈을 마주친 사람은 '쌍방적(mutual)'이 되었다는 느낌을 받기 때문에 이야기를 적극적으로 수용하게 된다.

시선은 청중을 향해 골고루 준다

- 토의 참여자들과 빈번한 눈맞춤을 한다.
- 한두 사람을 대상으로 말하지 않는다.
- 시선을 뿌려주면 청중이 자신의 편이 되는 느낌을 가질 수 있다. 토의 장면을 2구획, 4구획, 5구획으로 나누어서 각 구획별로 시선이 함께 향하도록 한다.
- 시선이 마주치는 토의자들에게 미소를 짓는다.

말할 때 곧고 바른 자세에서 시선을 둔다

- 토의 장면에서 시선과 몸이 일치되어 향할 수 있도록 움직인다.
- 어깨를 비튼 상태에서 다른 사람을 바라본다거나 몸은 향하지 않고 시선만 주는 자세는 의도와는 다른 메시지를 전달할 수도 있다.

목소리

부드러운 목소리를 사용하되 다른 사람들이 알아들을 수 있어야 한다

- 분명하게 들릴 수 있는 목소리가 토의에 적절하다. 토의는 쌍방적 대화로 이루어지기 때문에 알아들을 수 없는 말을 하거나 '웅얼웅얼'하지 않도록 한다.

습관적 군말들을 사용하지 않는다

- '어', '에', '음', '저', '마' 등과 같은 의사전달과 무관한 군말들을 사용하지 않도록 발언 시에 자가 점검이 요구된다.

목소리에 강약과 완급을 준다

- 강조하고 싶은 부분에서 크게 말하거나 악센트를 주는 등의 목소리 톤을 조정한다.
- 토의와 토론에서 관련 내용이나 관심 분야가 거론되면 발언자의 의도와 관계없이 말이 빨라진다. 이 때 청중들의 이해를 구하기 어렵기 때문에 그 속도를 조절한다.

토의할 때 노트를 그대로 읽지 않아야 한다

- 패널토의나 회의식 토의에서는 노트를 그대로 읽는 경우가 빈번하다. 토의는 연설이나 책읽기와 같은 일방향 커뮤니케이션이 아니라 대화를 나누는 것 과 마찬가지로 쌍방향으로 이루어져야 한다.

말끝을 올리거나 흐리지 않는다

- 발언 시 중요한 내용의 전달은 명확하게 말하다가, 끝 부분에 가서는 흐지부지 마무리하는 경우가 많다. 마지막 톤이 분명할 때 말의 선명도가 높다.

☆★ <부록> '표준어 규정 제2부 표준 발음법' 참고 (본서 203쪽) ★☆

태 도

말하는 사람이 주의할 점

- 토의 주제와 관련된 의견을 말한다.
- 남이 말하는 중간에 끼어들지 않는다.
- 자기의 의견만 고집하지 않는다.

> **발언 막대**
>
> 토의 시에 참여자들이 골고루 발언할 기회를 제공하기 위해 발언막대를 활용한다. 참여자들은 각각 3개의 발언막대를 가지고 시작하며, 발언을 하고자 하는 경우, 테이블 한가운데에 자신의 막대를 두고 말하기 시작한다. 이 경우에 토의 참가자들이 막대 3개를 모두 사용하도록 하는 것이 필수적이다.

듣는 사람이 주의할 점

- 진지한 태도로 끝까지 듣는다.
- 메모하면서 듣는다.
- 자기의 의견과 비교하며 듣는다.

의견 수렴

- 다른 관점의 의견이 타당하다면 의견을 바꿀 수도 있다. 자신의 의견만 고집하지 말고 다른 사람의 의견에도 귀를 기울여야 한다.

의견존중

- 자신의 의견이 존중 받기 위해서는 타인의 의견을 존중한다. 토론 시에는 감정이 격앙될 수 있어서, 분노나 경멸, 비웃음 등이 표출될 수 있으나 이들 모두는 자격 있는 토론자로서의 자격을 해치는 것들이다. 냉정을 유지하는 것이 바람직하다.

> **인정 막대**
>
> 토의자들이 각각 세 개의 인정막대(recognition chip)를 가지고 참여한다. 상대방의 의견에 지지하면 자신의 막대를 테이블 가운데 놓는다.

토론에서의 승리는 내가 아니라 타인에 의해 승인되는 것이다

- 토의는 승패가 결정되지 않는 경우가 많지만, 토론은 일반적으로 승패가 판결나게 된다. 토론자들은 흔히 자신이 승리하였다고 생각하는 경우가 많으나 이는 잘못된 생각이다. 토론대회의 심판관, 법정에서의 판사와 같은 타인에 의해 결정된다.

실수는 바로 인정한다

- 토의 과정은 예측하지 않은 의견들이 오고갈 수 있어서, 현실적으로 실수하기 쉽다. 실수가 생기는 경우에는 곧바로 인정한다.

명확한 의견 전달을 위해서 근거나 전제보다는 의견과 결론을 먼저 말한다

- 토의에 참여하게 되면 발언 시에 무엇부터 말을 해야 할지가 고민스러워진다. 토의에서는 제한된 시간 안에 발언을 마쳐야 하므로 먼저 자신의 의견을 말하고 이에 따르는 근거나 이유를 들어준다.
- 이해가 쉬운 주제에서 이해하기 어려운 주제로 말해 나간다.

- 결론에서 전제로 말을 이끈다.
- 단순한 주제에서 복잡한 주제로 전개해 나간다.
- 철학적 근거에서 통계적 근거로 방향지어 말한다.
- 토의자의 신뢰도를 높인다.
    - 근거 있게 말한다.
    - 토의 중에 부정확한 자료 인용이나 과일반화하지 않도록 애쓴다.
    - 토의 진행 과정을 논리적으로 정리해 나간다.

아이스브레이크

토의에서 '아이스브레이크(ice-brake)'는 '서먹서먹함을 푸는 것'을 가리키며, '물꼬트기'라고도 한다. 토의에 참여하는 집단 구성원이 서로에 대해 잘 모르고 있을 때 활용한다. 특히 일부 토의 구성원들이 두려워하거나 초조해하고 있을 때 가장 유용하다. 첫 시간에는 2~3회, 두 번째 시간부터는 1회 정도가 효과적이다. 아이스브레이크를 할 때 학생들 어느 누구도 두려움이나 소외감을 느끼지 않도록 하는 것이 중요하다.

도 입

짧은 시간 내에 학생들이 토의에 참여자로서의 자신을 소개할 수 있도록 이끈다. 이때 각 학생들의 책임은 다른 학생에게 자신을 확실히 기억할 수 있도록 만드는 것이다.

아이스브레이크의 예시

공통점은 무엇인가?

학생들은 서로에 대해 소개하면서 파트너끼리 인사를 나눈다. 소개한 두 사람들 간에 공통점 두 가지씩을 발견해 낸다. 예를 들면 같은 성을 가진 이름, 같은 달에 태어났다는 것, 야구를 좋아한다는 등을 찾아낸다. 전체 집단 앞에서 두 명씩 함께 발표할 기회를 제공한다.

공통점으로 전체의 관계 찾아주기

일부 학생들에게는 개인 정보를 주고 받는 것이 부담이 될 수 있다. 이런 경우 토의 집단 전체의 공통점이 될 수 있는 것들의 목록을 호명하여 집단들을 교실 중앙에 모은다. 예를 들면 '자전거를 타고 다닌다', '파란 점퍼를 입고 있다', '강릉에 가본 적이 있다' 등이 있다. 공통점을 가진 참여 학생들이 서로 인사하고 소개하는 시간을 갖는다.

바로 그 학생, 한 학생을 찾습니다!

모든 학생들에게 '빙고 카드'의 형태로 제시되는 '특성 리스트'를 나누어 주고,각 특성에 해당되는 학생을 적어도 한 명씩 찾아내어 '특성 리스트'에 기입한다. 토의 참여자가 서로 낯 선 경우에는 자기 자신이 해당되는 란에 본인의 이름을 기입한다. 토의 참여자끼리 모두 친숙한 경우에는 특성리스트를 사회자가 보면서 참여자 찾기 퀴즈(classmare guiz)를 실시한다. 예를 들면 아래의 표와 같이 특성 리스트를 만들어 활용한다.

특성 리스트

• 노래를 잘 부르는 사람		• 운동을 매일 하는 사람	
• 3월에 생일인 사람		• 농사를 지어 본 사람	
• 중국에 가 본 적이 있는 사람		• 기숙사에 살고 있는 사람	
• 가족 중에 쌍둥이가 있는 사람		• 고양이를 가지고 있는 사람	
• 국수를 싫어하는 사람		• 바다 근처에 산 적이 있는 사람	
• 아이를 키우고 있는 사람		• 오토바이를 타는 사람	
• 빵을 구울 수 있는 사람		• 사진 찍기를 좋아하는 사람	

한 단어!

토의 첫 시간에 모인 학생들에게 지금까지 자기 자신과 삶을 가장 잘 표현할 수 있는 하나의 단어(one word)를 생각하도록 요구한다. 칠판이나 이름표 옆에 쓰거나 붙이도록 하고 간략하게 그 단어를 쓴 이유를 설명하는 시간을 갖는다.

효과적인 아이스브레이크를 위한 체크리스트

문 항	예	아니오
1. 활동이 재미있고 비위협적인가?	☐	☐
2. 학습내용이 아니라 사람에 초점을 맞추었는가?	☐	☐
3. 참여자들이 다른 참여자에 대한 정보를 알려고 하는가?	☐	☐
4. 참여자들이 집단 내에서 최소한 10% 이상의 공통점을 찾아내기 위해 애쓰는가?	☐	☐
5. 참여자들이 다른 참여자에게 반응하려 드는가?	☐	☐

라운드 로빈

라운드 로빈(round robin)은 '차례대로 기회를 받는 것'을 가리키며, 토의와 토론의 참여자들이 이어가며 발언하는 방법이다. 라운드 로빈은 기본적으로는 브레인 스토밍(brainstorming) 기법이이지만 참여자들이 아이디어를 정교화하거나 설명하거나 평가 혹은 질문을 하지 않는 방법이다. 라운드 로빈은 순서대로 한바퀴 돈다는 의미에서 '라운딩'이라는 용어로 대체하기도 한다. 합리적인 순서나 순환 순서 방식으로 진행할 때 유용하다. 라운드 로빈을 활용하게 되면 참여자들에게 발언 기회가 골고루 부여되기 때문에 공정성을 확보할 수 있다.

라운드 로빈 스케줄링

일정한 토의나 발표 시간을 할당하고, 그 시간 동안만 발언할 기회를 준 다음 시간이 지난 다음에는 중지나 보류를 한 다음에 다른 발표자에게 기회를 넘기는 방식이다.

라운드 로빈 이야기 쓰기

온라인 토의나 토론에서 쉽게 활용할 수 있다. '라운드 로빈 이야기 쓰기'는 한 토의자가 이야기를 시작하면 그 다음 사람이 이어 받아 이야기를 진행하는 것이다. 이때 글의 길이나, 시작과 끝의 형식을 미리 정해둘 수 있다.

일반적인 라운드 로빈 진행 방법

학생들에게 4명에서 6명 정도의 소집단을 구성하도록 요구한다. 순서대로 돌아가면서 이름을 말하도록 한다(이름 라운드 로빈). 참여자 모두 한 번씩 라운드 로빈을 경험하였으면, 간단한 주제에 대해 1~2분의 시간 제한을 두고 순서대로 발언하도록 이끈다.

토의시간 제한 장치 : 5분 모래시계와 타임벨

5분 모래시계, 8분 모래시계

- 토의를 통해 보다 나은 창의적 아이디어를 내고, 토의자 전원이 효과적으로 의견을 낼 수 있도록 하기 위해서 '5분 모래시계', '8분 모래시계' 등을 쓸 수 있다. 모래시계는 사회자나 그날의 토의 조정자가 조작하며, 토의자 전원이 쉽게 볼 수 있는 위치에 둔다. 한 토의자가 5분이나 8분 동안 의견을 말하고 그에 대한 부연 설명을 할 수 있도록 하는 것이다.

타임벨

- 토의장에 '타임벨(time bell)'을 설치하여 발언이 시작되면, '타임벨'을 발언자가 누르고 진행하는 방식이다. 또는 전체 토의에서 남은 시간을 표시하는 '잔여시간 타임벨'도 활용할 수 있다.

'3040' 토의

- 전체 토의 시간을 30분, 40분, 50분으로 한정시켜서, 각 참여자에게 돌아가는 시간을 정해 부여하는 것이 좋다. 예를 들면, 5명이 40분 동안 토의를 하는 경우, 5분 모래시계를 사용하여 5명이 2회에 걸쳐 5분 동안 발언할 수 있는 기회를 제공한다.

'무제한 시간' 토의

- 토의를 통해 효과적인 결과를 얻기 위해 시간의 제한을 두지 않고 결론이 나올 때까지 계속하는 방식이 '무제한 시간' 토의이다.

칠판 활용

칠판을 활용하여 의견의 흐름을 시각화한다

- 참여하는 사람들이 모두 볼 수 있는 위치에 둔다.
- 토의 주제를 쓴다.
- 참여자가 발언하는 논점을 기록한다.
- 결론이나 요점을 정리하여 기록한다.

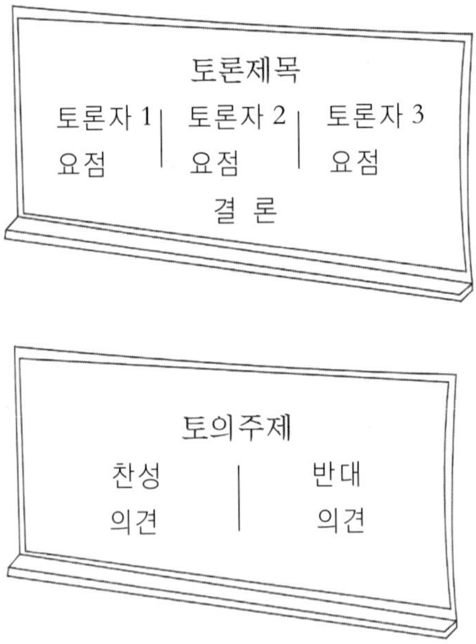

토의 중 칠판 활용

브레인스토밍

오스본(A. Osborn)은 브레인스토밍 활동을 창시했다. 이것은 새로운 아이디어를 낼 때 유용하다. 참여인원은 총 12명 정도가 적당하며, 머리 속에 떠오르는 대로 자유롭게 아이디어를 낸다.

> 브레인스토밍의 노하우
>
> - 자유스러운 분위기를 유지한다.
> - 판단금지의 원리 : 나오는 아이디어에 대한 비판을 없앤다.
> - 탐색확장의 원리 : 나오는 아이디어가 많으면 많을수록 좋다.
> - 다른 사람이 낸 아이디어에 새로운 아이디어를 부가한다.

- 팀을 이루어 브레인스토밍에 들어간다.
- 가능한 한 많은 아이디어를 낸다.
- '맞아', '틀렸어' 등과 같은 찬반의 의견은 자제한다.

- 매시간 토의에 들어가기 전에 '브레인스토밍'으로 아이스브레이크를 시작해도 좋다.
- 토의 주제가 정해지고 브레인스토밍을 시도하려는 경우에, SWOT 차트를 그려서 진행할 수 있다. 즉 주제에서 제안되는 아이디어의 강점(strengths), 약점(weaknesses), 기회(opportunities), 위협(threats)을 브레인스토밍하는 방법이다.
  - S : 주장이나 의견이 가지는 강점
  - W: 주장이나 의견이 가지는 약점
  - O: 주장이나 의견으로 인한 기회
  - T : 주장이나 의견으로 인한 위협

질문 유형

학문(學問)의 한자 뜻 풀이는 '배우고 묻는 것'을 의미한다. 묻는 것은 답을 나오게 만들고 마음을 열게 하며 생각을 자극한다. 질문은 정보를 얻고 탐구하는 힘을 제공한다. '호기심'이나 '의문'을 풀고 싶은 마음을 토의에서 언어로 표상한 것이 질문이다.

토의식 교수학습의 기원은 발문법(guestioning method)에 있으며 1915년 파커(F. W. Parkor)가 변형시켜 토의법으로 발전시켰다. 발문법은 흔히 문답법이라고도 하며 오랜 기간 널리 사용되어 왔다(이성호, 1986). Alvermann 등(1996)은 중학교 학생들은 토론의 질이 교수들에 의해 선택되는 질문의 질에 의존한다고 밝혔다. 질문이 너무 어려우면, 학생들은 배경지식이 부족하여 표면적인 토의에 그치게 되고, 질문이 너무 쉬운 경우에는 명백한 대답이 있기 때문에 학생들은 거의 토의하지 않는다. 질문이 지겹거나 학생들의 개인적인 삶과 연관성이 없다면, 학생들은 토의를 지속하거나 토의참여에 노력을 기울이지 않는다. 교수와 학생 모두 적극적으로 질문을 제시하고 대답할 때 활기찬 토의가 될 수 있다.

주요 질문

토의의 방향을 확립하고자 하는 가장 근본적인 질문이다. 왜? 어떻게? 무엇?이라는 관점이 중요시된다.

- 이 문제에 대해 어떻게 생각합니까?
- 이슈와 결론은 무엇입니까?

아이디어의 차이를 다루는 질문

- 조금 전에 말한 내용과 다르지 않습니까?
- 두 사람의 의견은 어떻게 다른지 말할 수 있습니까?
- 그 의견은 저 사람의 의견과 같지 않습니까?

다음 단계로 진척시켜 나아가기 위한 질문

- 다음 사항으로 넘어갈 준비가 되었나요?
- 한 번 매듭을 지어 볼까요?

추급질문 : 명확하게 해명해내기 위한 질문

명확하지 못한 문제를 명확하게 하려는 질문이다. 하나의 문제를 계속 추구하기 위해 주장에 전제되어 있으나 드러나지 않은 내용을 밝힐 때 사용한다.

- ~라고 말씀하신 것 같은데 맞습니까?
- 말한 내용에 대해 조금 더 자세히 이야기 해 주시겠습니까?
- ~라는 말은 구체적으로 무엇을 뜻합니까?
- 그것에 대하여 예를 들어 주시겠습니까?
- 다시 한 번 더 그 내용을 말씀해 주시겠습니까? 보다 부연 설명할 수 있는지요?
- ~라고 보십니까?

- ~는 구체적으로 무엇을 뜻합니까?
- 어떤 ~ 근거를 대어 볼 수 있을까요?
- ~라는 말은 무슨 뜻이 포함되어 있습니까?

유발 질문

- 주요 질문을 구체적으로 인정하고 요약해 실제로 토의가 일어나도록 방향을 구체화시키는 질문이다.
- ~라는 의견이 가지고 있는 기본 가정은 무엇입니까?
- 어떤 그럴 듯한 결론이 가능할까요?

전반적 질문

- 전반적인 문제에 관한 질문으로서 참가자 전원에게 던진다.

지명 질문

- 특정한 개인에게 던지는 질문이다.

주장과 근거를 묻는 질문

- ~라는 말은 ~을 전제하고 있는 것 같은데, 그렇지 않습니까?
- ~라는 주장을 뒷받침할 수 있는 근거나 증거를 댈 수 있습니까?
- ~는 결국에 가서는 ~을 의미한다고 볼 수 있지 않습니까?
- ~는 추론에 오류가 있지 않습니까?

릴레이 질문

- 참가자들로부터 질문이 나왔을 때 이를 다시 참가자들에게 전반질문이나 지명질문 형태를 빌어서 하는 질문이다.

반전질문

참가자들에게 질문이 나왔을 경우 질문을 한 본인에게 되묻는 질문이 반전질문이다.

요점을 묻는 질문

토의 내용이 길어 말의 핵심이 분명하지 않을 때 말의 요점을 말할 수 있도록 한다.

- 지금까지 말한 것을 한 마디로 요약해 주실 수 있습니까?
- 길게 말해 주셨습니다만 짧게 정리해서 말한다면 어떻게 말할 수 있을까요?

논점에서 벗어난 질문

- ~에서 말한 내용은 우리가 토의하고 있는 문제와 어떻게 관련됩니까?
- 지금 ~을 토의하고 있는데, 원래의 논제로 돌아가서 말하도록 합시다.

주의를 환기시키기 위한 질문

- 그것은 그 주제와 어떻게 관련됩니까?
- 말한 것 ____ 와 어떠한 관련이 있습니까?
- 그것은 ____ 와 어떻게 다릅니까? / 어떻게 다릅니까?
- ~라고 확신합니까?
- 어떤 점이 그렇게 특별하지요?
- 반대 의견은 없습니까?

아이디어나 대안을 고무시키기 위한 질문

- 어떻게 하면 ~ 할 수 있을까요?
- ~해야 한다고 생각하지 않습니까?
- 그에 대해 학생이 했던 이야기가 마음에 듭니다. 학생은 ~라고 생각하십니까?
- 간과하고 있는 점은 없습니까? ~을 말씀해 주십시오.

- 이 문제에 대해 다른 방식으로 생각할 수는 없을까요?

오류를 다루는 질문

- 그러한 근거를 가지고 ~라고 결론을 내릴 수 있을까요?
- ~은 ~의 원인이라고 볼 수 있습니까?

소집단과 대집단 구성 방법

토의와 토론을 효과적으로 진행하기 위해서는 전체집단을 소집단 · 중집단 · 대집단으로 나누고 다시 합치는 활동 등에 유의할 필요가 있다. 몇 명을 하나의 토의그룹으로 할 것인가, 어떤 방식이나 기준으로 나눌 것인가 등에 대해 고려한다. 집단구성에 있어서 두 가지 결정이 요구된다. 첫째는 집단을 어떠한 형태로 나눌 것인가에 대한 결정이다. 소집단이 토의하기에 적절한 구조이나 안건에 따라서는 전체 집단의 형태가 요구될 수도 있다. 둘째는 보다 생산적인 효과를 기대하기 위해 나누어진 집단을 어떻게 배치할 것인가에 대한 결정이다.

소집단과 대집단

토의그룹의 크기가 작을수록 참여자의 참여 기회는 커지고, 보다 능동적으로 참여하게 된다. 토의집단 크기연구에 따르면, 4~6명의 학생들이 소집단(small group)을 구성할 때 가장 이상적이다. 교실에서 소집단은 대집단 환경에 비해서 학생들의 더 공정한 참여 기회를 제공해 줄 수 있다.

집단 구성원 선정

집단 구성원을 선택하기 위해서 고려해야 할 점은 첫째 융통성이 있을 것과 둘째, 규칙적으로 접근하는 점이다. 규칙적이란 소집단 구성원의 선택이 있어서 일정한 준거를 설정하는 것을 말한다. 예를 들면, 남여 2명씩 옆자리에 앉은 사람 등의 준거이다. 구성원 선정의 준거를 설정하였다면, 누구에게나 공정하게 규칙을 적용한다.

소집단 토의가 적절한 경우

- **토의를 통해 학생들이 새로운 의미를 도출하고자 할 때**

- 학생들이 학습에 대한 책임을 가지도록 할 때
- 학생들이 효과적인 전략을 연습할 때

대집단 토의가 적절한 경우

- 학생들이 새로운 주제를 탐색하기 전에 가이던스를 제공할 때
  새로운 주제를 학생들에게 제시할 때, 배경지식, 어휘구축, 학습목적을 결정하도록 준비시킬 필요가 있다.
- 학생들에게 하나의 새로운 주제를 탐색하도록 하고 이후에 추수 지도(follow-up)할 때
- 학생들에게 토의를 연습할 모델이나 기회를 제공할 때

동질적 집단과 비동질적 집단

집단을 이루고 있는 구성원의 성질에 따라 동질적 집단(homogeneous group)과 비동질적 집단(heterogeneous group)으로 구분한다. 아이디어를 많이 내야 하는 토의에서는 토의구성원의 성별, 연령, 배경, 기초지식이 다양한 비동질적 집단으로 구성하는 것이 권장되고 있다. 다양한 학문적 재능, 외향성과 내향성, 친숙도가 낮은 학생들을 포함시킨 비동질적 집단 구성이 유사한 학생들로 이루어진 동질적 집단 구성보다 교육적 효과가 크다고 알려져 있다.

미니강의와 유인물

미니강의

토의를 더욱 깊이 있게 운영하고 싶을 때, 토의 초반이나 중반에 '미니강의(mini-lecture)'를 통해 자료학습 시간을 마련한다.

- 토의 시간이 너무 길다고 판단되는 경우에 교수는 학생들 간의 상호작용을 높이기 위해 토의와 관련된 주제로 5분~20분 정도의 미니강의를 준비한다. 그러나 주의할 점은 미니강의 내용이 학생들의 다양한 생각을 일제히 한 방향으로 돌리지 않는지를 점검해야 한다.

- 토의 중 학생들의 토의관련 지식이 빈약하다고 여겨질 때에는 미니강의 방식을 활용할 수 있다.

- 미니강의와 토의를 교대로 운영하여 토의식 수업을 진행할 수 있다.

유인물

소집단 토의을 위해 유인물을 나누어주고 그 내용을 가지고 담화하는 방법을 활용할 수 있다.

- 유인물 자료를 읽을 때 메모할 점
    - 제시 자료에서 요점은 무엇인가?
    - 저자가 포함시키고 있는 중요 사항은 무엇인가?
    - 저자가 써놓은 내용에 대해 동의하는가?

- 다른 관점이 있는가?
- 제시된 자료는 어떤 흥미로운 아이디어를 유발하는가?

토론망

찬성과 반대 의견이 맞서는 토의를 할 때에 아이디어에 대한 기록을 할 수 있는 토론망(discussion web)을 활용할 수 있다. 토론망을 사용하면서 진행하면 쉽게 요약하거나 빠뜨린 사항 등을 다룰 수 있다.

방 법

- '명제'로 진술되는 주장을 가운데 네모 빈칸에 쓴다.
- '그렇다' '아니다' 쪽의 네모 빈칸에 토의자 별 주장의 요점을 진술한다.

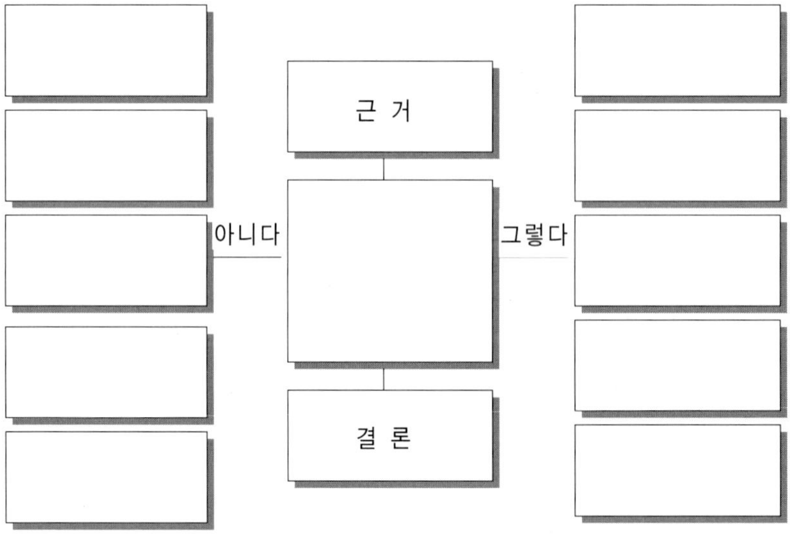

토론망 *

* Averman(1991)에서 인용

웹사이트 · 방송 · 동영상 자료 활용

토의와 토론 학습 자료를 웹사이트 · 방송 · 동영상 등에서 발췌

교수-학습에 유익한 자료를 웹사이트 · 방송 · 동영상 등에서 발췌하여 연속적으로 토의와 토론 교육에 활용하는 방법이다. 이것은 문학, 역사, 사회과학, 자연과학 등의 다양한 학습주제에 활용될 수 있다.

자료의 출처와 제공자를 분명하게 밝힌다

웹주소, 방송사 등의 정보나 자료의 출처는 자세하게 공시해야 한다. 자료를 추천하거나 제공하는 사람의 e-mail주소와 연락처, 방영시간, 인터페이스의 소개 등을 분명하게 제시한다.

교육 방송

- http://www.ebs.co.kr/

일반 방송

- http://www.sbs.co.kr/
- http://www.kbs.co.kr/
- http://www.imbc.com/

국제 케이블 방송

- discovery channel discussion : http://dsc.discovery.com/
- http://www.h-net.org/lists/

사회자

사회자는 토의 상황에 따라서 '리더(discussion leader)', '조정자(discussion moderator)' 라고도 하며 모든 그룹 구성원의 능동적 참여를 격려하는 일을 수행한다. 예를 들면, "김보성군, 토의가 진행되는 동안 아무 말도 하지 않았군요. 이 문제에 대해서 어떻게 생각합니까?", "김선생님과 이선생님이 이것에 대해 생각하는 바를 알겠습니다. 하지만 권선생님과 장선생님은 어떻게 생각하고 계신지 모르겠습니다" 등과 같이 말할 수 있다. 사회자의 일차적 역할은 모든 학생들이 골고루 참여할 기회를 가질 수 있도록 전체 집단을 '순환(rotate)'시키는 것이다. 특히, 질문뿐만 아니라 세련된 토의 사회자는 상황에 항상 능동적으로 대처하고 주변의 인적 자원을 효과 있게 활용하기 위해 노력한다.

오케스트라

재능 있는 사회자들은 토의를 무의식적으로 오케스트라한다. 주로 토의 내용을 곰곰이 검토하며, 증거나 이유를 찾아내고 대안의 가설을 제안하는 '탐색적 말(exploratory talk)'을 본능적으로 다룬다.

- 사회자는 토의 분위기를 조성해 나간다.
  - 기다려 준다. 학생들이 이끌도록 둔다. 학생들이 서로 말을 할 수 있을 때 오케스트라를 시작한다.
  - 기다린 후라면, 의견 간 불일치성을 지적하는 것을 두려워하지 말고, 정확한 정보를 제공한다.

학생들이 과제를 독립적으로 수행하도록 돕는다

- 토의 중 제안되는 아이디어끼리 연결하라(connect) : 토의에서 아이디어가 재순환반복(reiterating)될 수 있도록 진행한다. 아이디어와 아이디어를 연결해 줌으로써 참여자들에게

왜 다음의 아이디어가 의미가 있는지를 알도록 해준다.

- 토의의 내용을 확장시킨다(extend) : 토의에 새로운 정보(new information)를 점진적으로 덧붙여감으로써 내용과 폭의 깊이를 넓혀간다. 이는 참여자에게 보다 많은 정보 제공을 요청함으로써 행해질 수 있다. 진행되는 토의 내용에 의견일치하거나 그에 정보를 첨가하는 방식으로 혹은 일치하지 않음으로써 왜 그런가를 말함으로써 가능하다.

사회자는 토의 중 발언 및 질의 시간이나 발언 횟수를 조절하고, 청중에게 질의를 유발시켜야 한다

- 발언 및 질의 시간을 미리 정하여 두어 전체 시간이 초과되지 않도록 계획한다.
- 질문이 나오지 않는 경우에는 중간을 요약하거나 내용을 부연 설명하여 참가자들이 자발적으로 질문하도록 돕는다.

사회자는 상황에 따라 융통성 있게 역할을 변화시켜야 한다 : 단순관찰, 참가자, 촉진자

- 학생들이 능동적으로 토의를 이끌어가면, 사회자는 옆에 있거나 혹은 같이 앉아 있는 참여자가 되는 등의 유연한 태도를 발휘한다.
- 토의에서 학생들이 잠재적인 능력을 발휘할 수 있도록 촉진자의 역할을 수행한다.

사회자는 제반 여건을 정비하고, 목표와 절차를 안내한다

- 되도록이면 전원이 토의에 참여한다.
- 토의의 질을 향상시키도록 노력한다.
- 토의가 주제에서 벗어나지 않도록 한다.
- 토의를 탁상공론에 머물지 않고 실제적인 것이 되도록 한다.
- 주어진 문제를 모두 토의하도록 한다.
- 잡담을 저지한다.
- 토의를 분열시키지 않는다.

결론을 유도하며 비판적 사고를 장려한다

- 자주 토의를 요약하여 전체에게 알려준다.
- 최종 결론은 물론 미해결된 문제까지도 분명히 밝힌다.

사회자는 다양한 의견이 나올 수 있도록 격려한다

- 참여한 사람들이 모두 동등한 입장에서 발언하도록 한다.
- 발언을 강요할 것이 아니라 사회자는 질문을 잘 활용하여 유도해 내도록 한다.

제4부

토의 이끌기

준 비

토의 준비

토의를 책임지는 교수나 사회자 혹은 학생들은 미리 토의를 준비해야 한다. 토의 준비도 진행만큼이나 중요하다. 토의를 준비할 때에는 기본적인 단계가 몇 가지 있다. 환경의 영향이 크기 때문에 토의나 회의에 있어서 알맞은 장소의 선택, 책상의 배열, 필요한 경우에는 흑판, 마이크, 차트, 환등기, 기타 자료 등에 대해서도 철저한 준비가 요구된다. 또한 토의의 내용은 반드시 기록되어 보관 또는 발표될 필요가 있다. 또한 무엇보다도 토의에 있어 그 분위기는 가장 중요하다 할 수 있다. 자유롭고 활발하면서 질서 있는 분위기야말로 토의를 성공시키는 열쇠이다. 토의자의 활발한 참여는 각자의 기대나 동기에 의해서 가능해지므로 참여의욕을 줄 수 있게끔 계획되어야 한다.

- 좌석배치, 발표 공간, 마이크 등의 물리적 환경을 마련한다.
- 교수는 학생들이 수업 중 토의를 위해 어떤 자료를 수집하고 있는지를 미리 숙지해야 하며

적절한 자료를 준비하여 읽을 수 있도록 지도한다. 필요하면 자료를 정리하도록 요구한다.

- 토의 자료와 관련해서 학생들이 질문하는 내용에 답변해 준다.
- 교수는 다른 수업과 마찬가지로 토의수업의 개략적인 목표를 설정한다. 예를 들면, 학생들이 토의 시에 고려해 보아야 하는 쟁점, 해답을 찾아보아야 하는 문제, 사전에 학생들에게 알려주고 싶은 문제 등으로 설정한다.
- 토의에 참여하는 학생 집단을 적절한 규모로 나눌 것인가를 계획한다. 소집단으로 할 것인가 대집단으로 할 것인가?
- 학생들에게 토의에 대한 준비 기회를 미리 제공한다. 자료를 찾거나 읽을 과제를 낼 수도 있을 것이며, 토의시간 전에 개별 학생 별로 짧은 리포트를 써서 낼 수 있도록 하는 것도 좋다.
- 사료를 검토하며 어려운 이슈나 잠재적 문제에 대해 주목한다.
- 발표자 선정, 토의 규칙 제시, 토의 진행 순서에 대해서도 파악하고 계획한다.

토의 계획

이름 ______________________ 날짜 : ______________________

주제에 대한 질문 :

사 실	의 견	결 론	토의 후 새로운 생각

토의 계획 시트

토의 준비의 재점검

토의를 준비하는 또 다른 중요한 측면은 일련의 재점검이다. 학생들이 토의진행을 맡게 되면 자발적으로 자신들의 행위에 대해 계속적으로 반영하게 된다.

- 토의에 참고가 될 자료를 참가자들에게 제시하거나 유인물을 전달할 필요도 있으므로 토의될 내용을 가능한 한 충분히 검토 연구하고 사전진행 계획을 세워두어야 할 것이다.
- 요구사정(need assessment) : 그 문제가 집단 토의에 적합한가를 우선적으로 고려할 필요가 있다. 토의가 모든 문제해결의 가장 지름길이 아니므로 다음과 같은 내용은 꼭 집고 넘어가야 할 것이다.
  - 이 문제를 토의에 상정함으로써 누군가의 권한을 침범하는 것이 아닌가?
  - 개인 결정보다 경제성이 있는 문제인가?
  - 그 문제는 여러 사람의 의견 교환을 필요로 하는가?
  - 그 문제는 참가자들의 관심을 끌 수 있는가?
  - 기타 : 절박성, 긴요성, 복합성 … 등

진행 개요서 작성

토의 요구(need)에 대한 충분한 확신이 서면 토의 진행 개요서를 작성한다. 일단 기본적인 개요서가 작성되면 토의의 참가자들에게 연락하고 필요한 제반 준비를 갖춘다.

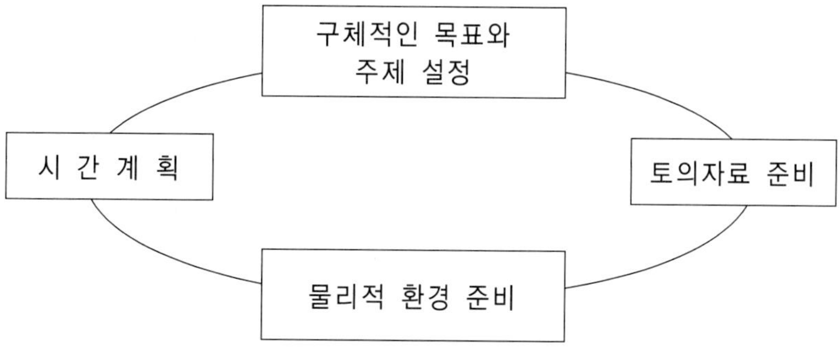

토의 준비의 요소

시 작

계획한 바를 재고하여 토의를 시작한다

토의는 특별한 문제가 없으면, 재고하여 계획대로 시작한다.

- <주목적 제시> 토의를 시작할 때에는 왜 토의를 하게 되었는지에 대한 설명을 제공한다.
- 토의 진행에 필요한 역할을 분담한다.
- 토의 규칙과 방법을 제시한다.
- 구체적인 토의 과제를 제공힌다.

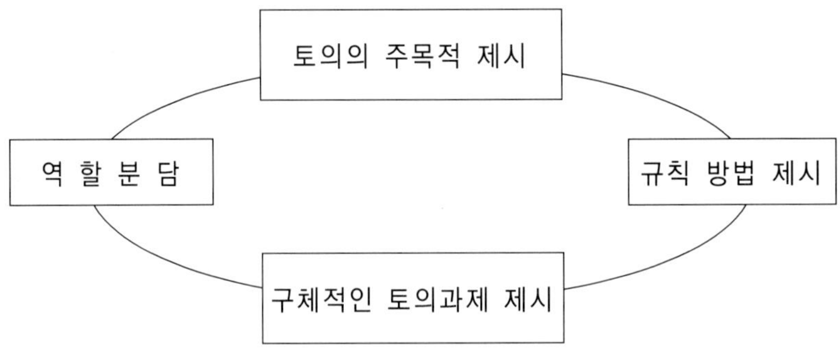

토의 시작의 요소

토의의 주목적은 크게 두 가지로 나뉜다. 포괄적 목표와 세부적 목표로 분리하여 구성하며, 토의 참여자들은 모두 주목적을 숙지하고 시작한다. 참여자들은 목적에 부합되도록 여러 사실과 상세한 설명내용을 준비한다. 또한 토의 목적, 다른 참여자, 상황에 부합되는 정보나 지식을 조직하고 정리한다. 이어 토의 시작 전에는 관련이 없는 정보를 배제시킬 수도 있어야 한다. 토의가 시작되면 정확하고 근거 있게 발언할 수 있도록 한다.

교실 분위기

교실의 분위기는 효과적인 토의에 큰 영향을 준다

- 탐구적 분위기를 창출한다
- 신뢰 있는 환경을 만든다
  - 교사의 학생에 대한 신뢰
  - 학생의 교사에 대한 신뢰
  - 학생의 학생에 대한 신뢰
  - 스스로에 대한 신뢰

배경지식 확인과 격차 메우기

- '배경지식(background knowledge)'을 확인하는 과정을 통해서 토의 분위기를 보다 체계적으로 진지하게 이끌어갈 수도 있다
  - 학생들은 한 주제에 대하여 무엇을 알고 있는가?
  - 학생들은 한 단원, 프로젝트, 소집단토의를 시작하기 전에 그것에 관해 무엇을 알 필요가 있는가?
  - 교토의 진행을 맡은 교수는 교실 토의를 도입하는 과정에서 현재 지식 수준과 토의에 필요한 배경지식 수준간의 격차를 좁힌다.

[예시] OX 퀴즈를 활용한 배경지식 다루기

1. 한 주제에 탐색하기 전에, 교수는 학생들이 이미 알기를 기대하는 사실을 받아 적게 한다.
2. 틀린 진술문들을 제시하는 문항지를 제작한다.
3. 문항지를 배포하고 각 진술문이 참인지 거짓인지 표시하게 하라(O : X)
4. 학생들이 자신의 반응으로 토의에 관여하도록 하라
5. 이 정보를 수업계획에 사용하라.

어휘 구축

결정적 어휘

토의에 필요한 '결정적 어휘(critical vocabulary)'는 전체 집단 토의를 원활하게 만드는 데 기여할 수 있다. 한 단원, 프로젝트, 소집단 토의 등 토의에 참여하기 전에 어휘를 구축할 기회를 가진다.

결정적 어휘

	단어 인식	알지 못함
원자		
방사		
감마선		
동위원소		
융합		
질량		
반감기		

◉ **어휘 구축 활동 : 배타적 브레인스토밍**

Blachowicz(1986)은 배타적 브레인스토밍(exclusion brainstorming)을 개발하여, 학생들이 주제에 대해 이미 알고 있는 것을 발견해내도록 도와주었다. 이 활동을 위해서 교수는 학생들을 위해 단어 리스트만 준비하면 된다.

- 토의 주제와 관련된 15개 단어 리스트를 준비한다.
- 기존의 어휘에서 감을 얻기 위해 주제와 관련된 5개 단어를 선택한다. 5개는 완전히 주제와 연관성이 없고, 5개는 모호한 것이다.

[예시] 오케스트라

목관악기	독주	신시사이저	피아노
록 가수	의자	소프라노	리드악기부
팀파니	차중음부	지휘자	비올라
밴조	하프	전기기타	

◉ **어휘 구축 활동 : 배타적 브레인스토밍에서 학생 활동**

- 주제에 관련성이 없다고 생각하는 단어를 규명하고 그 이유를 설명한다.
- 남아있는 단어 리스트에서, 오케스트라와 관련된 단어를 선택하도록 하고, 왜 그런지 말하도록 하여 서로서로 명료화한다.
- 남아있는 단어를 토의하고(대부분 모호하게 되기 쉽다), 단어에 대해 생각하는 바를 말하며, '오케스트라'와 관련시키는 방법을 말한다.

학습을 위한 목표 설정

토의를 통해 학습 목표를 설정한다. 학급전체 토의는 학생들이 중요한 목적에서 협동적으로 작업할 수 있도록 한다. 이는 아래의 'K-W-L'전략을 활용하는 것이 효과적이다.

K-W-L 전략

아는 것(**K**now)	알기를 원하는 것 (**W**ant to know)	배운 것 (**L**earned)

K-W-L 전략 시트

소집단 토의에 학생들이 잘 참여할 수 있도록 만들기

배경 지식을 사용하도록 이끌기

훌륭한 토의 질문은 일정한 수준의 배경 지식을 가지는 것을 요구한다.

토의를 위한 준비로써 글쓰기 : 저널

저널은 학생들이 자신의 생각을 쓸 수 있도록 도와주는 다소 느슨하게 구조화된 방식이다.

'직소우' 방법

토의 주제를 학생들이 미리 협력하여 읽거나 토의하는 시간을 마련해 주면서 학습을 진행하는 방법이다. '직소우(jigsaw)' 그룹핑 절차를 따른다.

- <소집단 별로 구성원 모듬> 교실을 소집단 분류하여, 학생들이 어떤 정보가 중요한지를 토의하도록 이끈다.
- <학습 내용별 모듬> 각각의 새로운 집단을 만든다. 원래 집단의 한 구성원을 포함하도록 재그룹화한다. 학습내용을 하위내용으로 구분하여 각각의 학습내용을 새로 모인 집단별로 충분히 다룬다.

- <원래의 소집단으로 되돌아가서 학습> 학습내용을 충분히 다룬 다음 원래의 소집단으로 되돌아가서 토의한다. 학생들이 어떤 정보가 중요한지를 토의한다. 새로운 그룹은 주제를 계속하여 토의한다.

소집단별로 구성원 모듬			
소집단 (1) (1-가) (1-나) (1-다) (1-라)	소집단 (2) (2-가) (2-나) (2-다) (2-라)	소집단 (3) (3-가) (3-나) (3-다) (3-라)	소집단 (4) (4-가) (4-나) (4-다) (4-라)

⇩

학습내용별 모듬			
A 학습내용 (1-가) (2-가) (3-가) (4-가)	B 학습내용 (1-나) (2-나) (3-나) (4-나)	C 학습내용 (1-다) (2-다) (3-다) (4-다)	D 학습내용 (1-라) (2-라) (3-라) (4-라)

⇩

원래의 소집단으로 돌아가서 학습			
소집단 (1) (1-가) (1-나) (1-다) (1-라)	소집단 (2) (1-가) (2-나) (2-다) (2-라)	소집단 (3) (3-가) (3-나) (3-다) (3-라)	소집단 (4) (4-가) (4-나) (4-다) (4-라)

직소우 그룹핑 절차

토의 계획 시트

토의 계획 시트(discussion planning sheet)는 보다 구조화된 형식으로 토의를 준비하는데 도움이 된다. 이는 학생들이 토의 결과 생긴 생각들을 받아쓰는 공간을 제공함과 동시에 토의 과정에 대해 반성할 수 있도록 해준다.

- 학생들은 그들이 토의하기를 원하는 중요한 사실을 규명해야 한다.
- 사실을 의견과 분리시킨다.
- 사실과 의견에 기초하여 잠정적 결론을 내린다.

학급 전체 토의를 위한 계획 시트
핵심 배경 지식
핵심 어휘
목적/목표

토의 계획 시트

- 핵심 배경 지식

  학생들이 알고 있기를 기대하는 사실은 무엇인가?

  학생들이 알기를 기대하는 교수의 큰 아이디어는 무엇인가?

- 핵심 어휘

  어떠한 단어나 용어는 이미 학생들이 알고 있는가?

  시작하기 전에 학생들에게 가르치겠다고 하는 단어나 용어는 무엇인가?

  학생들이 도달하게 되기를 바라는 목표 단어나 용어는 무엇인가?

무엇을 토의할 것인가?

잘 시작된 질문

- 한 개의 대답을 가지지 않는 질문
- 작고 상세한 아이디어가 아니라 큰 아이디어에 초점을 맞추는 질문

- 다른 질문을 이끄는 질문

잘못 시작된 질문

- 정답을 가지는 질문, 그래서 토의의 여지가 없는 질문
- 전체 그림에 비유하자면 일부분에만 초점 맞추는 질문
- 어느 곳으로도 갈 수 없는 질문

라포 형성을 위한 구체적 활동

라포 형성 활동

토의가 잘 이루어지기 위해서는 편안한 교실 분위기를 구축하는 '라포(rapport) 형성' 활동을 제공할 수 있다.

- 이름 알기

  학생들은 서로의 이름을 알 필요가 있다. 처음 몇 번의 만남 동안은 좌석 앞에 이름판을 세워둔다. 이름판을 만들기 어려운 경우 교실에서는 A4용지 1장을 3번 접어서 이름을 써서 활용하면 된다.

- 좌석 배치

  학생들이 서로 서로 볼 수 있는 좌석구조를 만든다. 원이나 사각형으로 좌석을 배치하면 운영이 용이하다.

- 참여하는 학생들이 서로의 이름에 친밀해지기

  토의에 참여하는 학생들이 서로의 이름을 알고 부를 수 있도록 한다. 서로의 이름을 외우고, 배경이나 관심 분야를 알아둔다.

토의 시작

- 토의 진행 순서, 목적, 기본규칙, 절차들을 참가자들에게 알린다. 참여하는 학생들에게 토의의 목표와 기본 규칙을 분명히 제시하여 설명한다.

- '열린 질문'으로 시작한다. 어떤 토의든 다양한 아이디어가 나올 수 있는 '발산적 질문(divergent question)'으로 시작하는 것이 좋다. 토의자 간의 의견이 서로 일치하지 않을

때 더욱 활발한 토의가 이루어질 수 있다.

- 명쾌하게 토의를 시작한다. 그렇지만 토의의 순간순간에서 일어날 수 있는 모든 절차나 토의의 내용 및 방향을 너무 구체적으로 구조화시키면 토의가 경직될 수도 있다.

진행 중

토의 시간 관리

- 토의 시간을 100으로 둔다면 하위주제의 수에 따라 20:30:30:20, 혹은 30:40:30 등으로 나누어 시간관리를 해나간다.
- 토의 중간 중간에 기본 규칙을 반복하여 설명하거나 토의 결과로 얻게 될 기대를 설명한다.

자유롭게 발언할 수 있는 분위기를 형성하고 토의를 진행한다

- 토의 중, 필요한 부분에서 정확하고 참신한 정보를 제공해 주거나 학생들 스스로 확인해보도록 한다.

- 다음의 과정을 통해 토의를 활기차게 만든다.
  - 사용하는 여러 질문을 다양화한다.
  - 학생들이 자료나 증거를 토의 중에 도입하도록 이끈다.
  - 집단을 짝 혹은 그룹으로 다양하게 나누어 진행한다.

- 경청과 긍정적 피드백

  토의식 수업에 참여하는 학생들은 교수가 자신들의 행위에 어떤 반응을 보이는지 관심을 가진다. 그러므로 미소를 짓는다거나 고개를 끄덕이며 칭찬을 하는 긍정적인 피드백은 학생들의 토의에 도움이 된다.

- 토의가 목적이나 제목에서 이탈되지 않도록 모니터링한다. 토의수업의 목적에 가장 생산적인 토의가 될 수 있도록 나오는 정보나 아이디어의 흐름을 조절해 준다.

발언의 공정성

- 지나치게 말이 많은 참여자의 활동을 토의의 활성화를 위한 방향으로 조절해야 한다. 한두 사람이 토의를 독점하도록 해서는 안 된다.

- 학생들이 토의를 진행할 때 교수는 한쪽에 가만히 서 있거나 앉아 있을 수도 있다. 소집단에서 다른 소집단으로 옮겨 다니면서 학생들의 토의내용을 경청할 수 있도록 한다.

경청과 긍정적 피드백 활동에는 무엇이 포함되는가?

- 토의에 초점 맞추기 / 핵심 아이디어로 되돌아가기
- 학생들이 참여하도록 격려/ 학생들의 이름을 불러주기/역할 할당
- 학생들이 통제 하에 있도록 유지시킴
- 학생들에게 질문
- 학생들이 생각할 시간을 제공
- 강의하고자 하는 교수의 욕구를 제한시킴
- 학생들이 성취해 온 것을 평가하도록 도움
- 요약 혹은 읽기자료를 통해 마무리를 제공
- 다음 수업을 학생들에게 준비시킴

결론이나 판정 내리지 않기

- 토의 내용을 검토하거나 중간 요약을 한다. 의견과 사실을 의미 있는 관계로 결합시킨다.

서로 말할 수 있도록 촉진하는 방법

- 교수가 학생들이 토의 중에 말을 하고 있는 모습을 지켜 봐 주는 것은 토의에 적극적으로 참여하도록 만드는 첫 번째 방법이다.
- 같은 질문을 다른 학생들에게 눈길을 주면서 재질문한다.
- 학생들이 자신의 견해를 밝힌 수준에서 토의가 중단되면, 그 견해에 대한 증거를 제공하도록 이끕니다.
- 토의에서 상대 학생이 말한 내용에 대해 서로 질문한다.
- 토의에서 나온 내용 간의 갈등적인 부분을 찾아서 말해 볼 수 있도록 지도한다.
- 소집단인 경우 토의의 리더 역할을 바꾸어 진행한다.
- 토의 중간에 토의 내용을 요약할 기회를 가지도록 한다.
- 계속해서 참여하지 않는 학생들은 소집단별로 토의내용에 대한 노트필기를 할 수 있도록 지도하고, 필기한 내용은 발표할 기회를 주도록 한다.

비계설정

비계설정(scaffolding)은 사회적 상호작용을 통해 학생 혼자서 도달할 수 있는 '실제적 발달 수준'에서 '잠재적 발달수준'으로 진전시키는 것을 가리킨다. 즉 교수, 학생, 또래 학생간의 상호작용을 통해 발달 수준의 폭을 보다 넓히는 것이다. 학생들은 토의에 초점(focusing)을 맞추기나 조형(shaping)을 포함한 다양한 비계설정 활동을 통해 자신의 생각을 발달시킨다.

소집단 활동을 통한 비계설정

- 학생들이 소집단별로 과제를 분담하여 수행한 다음 토의를 통해 의견을 나눈다.
- 특정한 문제를 함께 연구하도록 한 다음 수업 중에 다른 소집단들 앞에서 의견을 제시한다.
- 소집단의 구성원이 함께 일정 수업 시간의 토의를 시작하여 이끌고 종결하는 책임을 지도록 만든다.
- 소집단 활동에서 '무임승차(free ride effects)'를 하는 소극적인 태도의 학생들이 없는지 중간 점검을 한다. 이러한 문제를 예방하기 위해서는 첫째, 소집단을 구성할 때 '모든 구성원이 참여해야 한다'는 규칙을 정하도록 한다. 둘째, 소집단 활동 결과에 기초하여 각기 다른 최종 리포트를 쓰도록 요구한다. 셋째, 소집단 구성원 한 명의 활동이 소집단 전체의 점수에 영향을 미칠 수 있도록 고안한다.
- 학생들이 집단 프로젝트를 할 때는 자기들끼리 협상을 통해 책임을 나누고 일을 정돈하거나 기록해 줄 리더나 서기를 선정하도록 장려하는 것이 좋다.
- 결국 학생들은 서로 가르치며 발전할 수 있는 방법을 배우고, 자기 그룹에 속한 모든 사람들이 그룹 활동을 통해 뭔가 배우고, 그룹 활동에 뭔가 기여하게 만들게 된다.

초점 맞추기

구체적인 아이디어에 초점(focusing)을 맞추거나, 자신들이 만들기 원하는 정확한 요점을 명료화하는 것 등의 활동을 통해 학생들을 도울 수 있다. 분명한 초점이 없는 아이디어는 너무나 폭이 넓어서, 잘못 이해되거나 다른 사람의 아이디어로 여겨질 수 있다.

- 언급한 내용 중에서 우리들이 기억했으면 좋은 단 한 가지를 나에게 말해주면 좋겠습니다.
- 말한 내용은 박영수군이 말한 것과 유사합니다. 자신과 박영수군의 아이디어의 차이는 무엇입니까?
- (칠판에 학생이 말한 아이디어를 써놓고) 말한 내용이 세 가지였는데, 여기에 덧붙일 점은 무엇입니까?

조 형

학생들이 간결하게 아이디어를 정리하고 문제의식을 표현하도록 도울 필요가 있다. 아이디어를 조형(shaping)하는 데 있어서 '미니 강의'가 도움이 될 수 있다. '재빨리 쓰기(quick write)'는 학생이 몇 분 동안 자신의 아이디어를 토의 전에 받아 적는 일종의 조형 전략이다. '재빨리 쓰기'를 통해 자신의 생각들을 즉흥적으로 말하는 것보다 조직적으로 발언해낼 수 있게 된다.

- 앞의 논점과 현재의 논점과의 연관성은 무엇입니까?
- 지금까지 토의한 내용을 요약해 보겠습니까?
- 지금 우리가 무엇을 알기 위해 토의하고 있습니까?
- 토의에서 제기된 문제해결을 위해 고려해야 사실은 무엇입니까?

소집단 활동

교수들은 교실전체 토의에서 중요한 촉진자이다. 그러나 학생들은 실제로 교수 없이 소집단에서 보다 나은 토의를 수행해 낸다. 촉진하면 할수록 더욱 용이하게 이루어질 수 있다(Almasi, 1995).

학생들의 이해를 촉진

- 학생들에게 토의는 '너 자신에 대해서'가 아니라 '아이디어'를 다루는 것이라고 소개한다. 토의를 하게 되면, 자신이 낸 의견을 반대하는 학생이 나오면 학생들은 당황하거나 그 학생에 대한 반감을 가질 수 있다. 토의는 '너'가 대상이 아니라, 특정 문제에 대한 너의 '아이디어'에 대해 이루어진다는 점을 잊지 말아야 한다.
- 가장 일반적인 질문은 '어떻게 생각하는가?'이다.
- 참가하는 학생들이 '문제가 무엇인가'를 잘 이해하여 명료한 상태(clarification)에서 토의를 시작한다.

말하기 전에 듣는다

- 교수들이 생각하고 있는 바를 학생들에게 말하게 되면 될수록, 결과적으로 학생 자신의 아이디어나 또래친구들의 아이디어는 가치가 낮아지게 된다.
- 교수들이 학생들에게 질문을 하는 경우, 지도자로서가 아닌 한 명의 참가자로서 질문을 한다.
- 학생들의 발언을 교수가 평가하려고 들지 않는다. 학생들은 아이디어에 대한 도전이나 명료화에 대한 탐색을 교수에게 떠넘길 수 있다.

학생들이 과제를 독립적으로 이행할 수 있도록 돕는다

- 자신의 아이디어를 공유하고 다른 사람의 아이디어에 반응하는 능력을 높인다.
- 토의에서 자신의 아이디어를 더욱 깊이 있게 다루도록 이끈다.

학생들이 자기 목소리를 가지도록 돕는다

- 교수이든지 학생이든지 사회자는 참여자들이 참여하고, 듣고, 반응하도록 하는 것이 중요

하다.

- 학생들이 발언하는 내용은 교수나 학생들이 더욱 확장시킨다.

발언 토큰

발언토큰(Talk Token)은 토의 동안 말할 기회를 나타내는 하나의 대상이다. 모든 학생들은 토의를 시작할 때 똑같은 수의 '발언토큰'을 받는다. 학생들이 토의에 참여할 때 한 개의 토큰을 토의 테이블 가운데에 둔다. 토큰이 떨어졌을 때 학생들은 '말하는 시간(talk time)'을 더 이상 사용할 수 없다. 발언토큰은 두 가지 방식에서 학생들의 참여를 격려한다. 첫째, 발언토큰은 토의의 독점화를 막는다. 둘째, 과묵한 학생들이 자신의 아이디어를 보다 많이 공유하도록 격려한다.

톨리 마스터

톨리 마스터(Tally Master)는 각 학생이 얼마나 많은 기여를 하는가를 도표해 표시하도록 하여 토의 참여를 활성화하는 방법이다. 발언토큰과 함께 톨리 마스터는 학생들이 얼마나 많이 기여를 하는가를 밝혀내며, 보다 많은 참여를 필요로 하는 학생들이 발언할 수 있도록 돕는다.

톨리 마스터 기록

이 름	횟 수
김 영 수	✓ ✓ ✓ ✓
하 승 아	✓ ✓ ✓ ✓ ✓ ✓
권 철 균	
이 미 아	✓ ✓ ✓ ✓ ✓ ✓ ✓ ✓
금 연 희	✓ ✓

톨리 마스터

생기 없는 토의 되살리기

- 다양한 질문으로 생기를 잃어가는 토의장을 되살린다. 여러 가지 응답이 나올 수 있는 열린 질문은 생기 없는 토의에 활기를 불어 넣을 수 있다.

- 토의수업을 참여하는 학생들에게 수업에 들어올 때마다 토의에서 이야기할 내용을 미리 준비해 올 수 있도록 첫 시간에 확실히 밝혀 둔다.

- 소집단 혹은 개인 별로 '자료'를 읽도록 이끈다. 교수나 학생들이 가져온 자료면 더욱 좋다.

- 학생들이 토의를 주도적으로 이끌 수 있도록 지도한다. 그러나 학생들이 토의문화에 익숙하지 않아서 매끄러운 진행이 안 되는 여의치 않은 경우가 발생하기도 한다. 이때 교수님이 직접 시범을 보여 주면 학생들에게 도움이 된다.

3분 스피치

1~3분간 토의자들이 의무적으로 발언하도록 하여 토의를 보다 활기차게 만들어 줄 수 있다. 토의 주제가 너무 어려운 내용이거나 사회적 관점이 한 쪽으로 몰린 경우에 토의가 무기력해질 수 있다. 주제 몰입이 잘 되지 않을 때 토의자들과 관련성 있는 주제로 3분 스피치 시간을 만들어 입을 열게 할 수 있다. 3분 스피치가 끝나면 본격적 토의를 진행한다.

글쓰기

중간 평가를 위해 학생들이 생각하고 있는 바를 짧은 글로 써서 표현할 수 있도록 만든다.

시각화

토의하고 있는 내용을 그래픽 조직자로 표현할 기회를 제공한다. 처음에는 찬성과 반대와 같은 그래픽 조직자를 제공해주고 토의 방법에 익숙해지면, 스스로 다양한 그래픽 조직자를 마음껏 만들어 볼 수 있도록 지도한다.

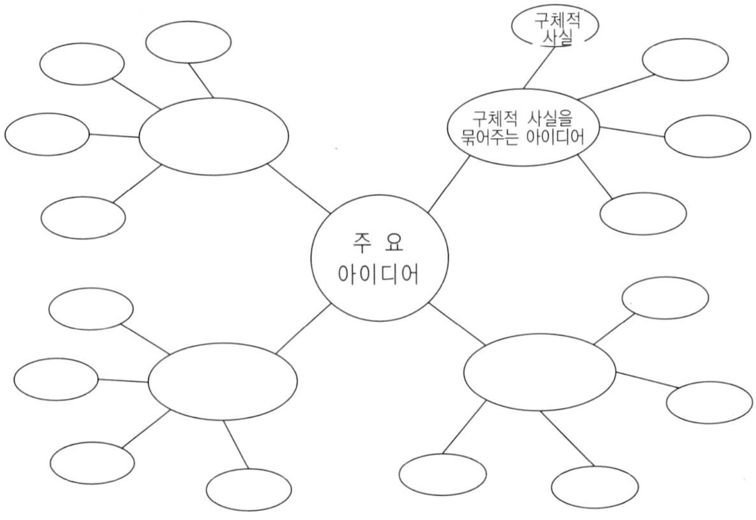

그래픽 조직자

역할놀이

소집단 토의가 무르익어지면, 학생들이 '찬성자'와 '반대자'의 역할을 맡아 역할놀이(role playing)에 참여할 수 있도록 한다. 또한, 학생들은 토의의 '리더' 역할을 바꾸어 돌아가면서 맡는다.

종 결

토의의 종결은 내용요약이나 문제나 주제와 토의내용을 연결시켜주는 과정을 거친다. 교수가 종결을 맡을 수도 있고, 학생들이 직접 정리하는 것도 좋다. 토의의 종결은 시작만큼이나 중요하다. 토의는 열정적으로 해 놓고 시간 부족을 이유로 일정의 종결과정을 거치지 않으면 참여자들이 성취감을 얻기가 어렵다.

- 진행자는 토의한 내용을 요약해 준다.
- 적절한 합의에 도달하기 위해 아이디어를 결합시키고 협상안에 도달할 수 있도록 돕는다.
- 교실 토의내용이나 토의 전반 활동에 대해 함께 성찰한다.
- 문제영역을 재규정하거나 토의 중에 혼돈되는 내용에 대해 반응한다.
- 다음 수업 주제에 연결시켜 준다.
- 보다 토의할 필요성이 있는 경우에는, 언제 다시 토의가 있을 예정이라고 학생들에게 알려 준다.

토의 추후 활동

토의 후의 활동으로 개인 혹은 집단의 수행을 분석하는 방법이 있다.

2분 개별 발표

토의하는 동안 학생들 스스로 선택했던 주제나 혹은 강제로 선택된 주제에 대해 정확하게 '2분' 동안 이야기할 수 있도록 만든다.

2분 발표 형식

- 오리엔테이션 : 말하고자 하는 내용의 제목을 간단히 소개한다.
- 듣는 사람에 대한 배려 : 듣는 사람이 마칠 무렵에는 무엇을 알게 되고 인지하게 될 것인지 말해준다.
- 핵심 아이디어 : 이야기의 주된 내용을 말한다.
- 마감선 : 이야기를 요약하고 끝을 맺는다.

또래의 피드백

학생들 간에 토의의 피드백이 이루어질 수 있도록 조직한다.

- 학생들이 또래의 토의에서 마음에 들었던 측면 두 가지 이상 제시할 수 있도록 이끈다.
- 또래의 토의에서 더 개선시킬 수 있는 측면 한 가지를 제시할 수 있도록 지도한다.
- 가장 이해하기 어려웠던 부분을 언급한다.

교수가 토의 집단에 주는 피드백

토의식 수업을 마칠 때에 어떤 점이 우수했는지에 대해 피드백을 제공하는 일에 어느 정도의 시간을 투여한다. 토의에 참가한 학생들이 도움을 받을 수 있는 아이디어를 제시한다.

종결 미니 수업

- 목표 : 학생들이 다른 사람들과 상호작용하고, 아이디어를 학습한 결과 자신의 아이디어에 유연성을 가질 수 있도록 돕는다.

- 자료 : 종이와 연필, 차트 종이, 마커, 복사, 토의 차트

- 단계
  - 토의 참여 후에 학생들이 어떻게 자신의 아이디어가 변화되는가를 다루는 시간을 가진다.
  - 토의나 문제해결과정을 통해 새로운 조망을 얻게 될 때 학생으로서 성장한다는 것을 강조한다.

- 토의 후에 생각을 계속하기

내가 원래 생각했던 것은 무엇인가?	다른 사람들로부터의 새로운 정보는?	내가 이제 생각하고 있는 것은?
· 큰 아이디어(Big Idea) · 지지 증거 · 요점		

토의 차트

반성적 저널 쓰기

반성적 저널(reflection journals)은 학생들이 의미의 조망을 얻고 의미를 만드는 것을 돕는다. 특히 학생들이 토의에 들어가기 전과 후에 반성적 저널을 쓰면 효과가 더 크다.

생각의 차트 만들기

학생들은 시각적으로 '생각의 차트(thinking charts)'를 만드는 것을 좋아한다. 개별적으로 해도 좋고 소집단 별로 함께 최종 정리를 하는 것도 방법이다.

토의 평가

평가는 체계적으로 이루어져야 한다. 평가에 대한 계획 없이 토의를 진행하면, 위험에 빠지기 쉽다. 평가가 제대로 이루어지기 위해서는 평가할 수 있는 중요 항목들을 다룰 수 있어야 한다. 예를 들면 준비(preparation), 초점, 목적, 관여(focus, purpose, and engagement), 상호작용(interaction), 사고의 수준(level of thinking) 등이다. 학생들의 토의식 교수-학습을 통해 학습하게 되는 새로운 의미의 획득이나 정확한 이해 등을 평가해 낼 수 있으면 더욱 바람직하다.

토의 평가의 4가지 중요한 측면

- 학교나 교과목 수준에서 토의 교육과정을 가지고 있는가?
- 토의 참여자들이 성공적인 교실 토의 시간의 단계를 설정할 수 있는가?
  - 토의 전략을 개발할 시간
  - 토의 전략을 연습할 시간
  - 탐구 정신의 개발
  - 신뢰와 상호존중의 개발
- 수업에서 토의의 질 결정
  - 준비
  - 초점, 목적, 관여
  - 상호작용
  - 사고의 수준
- 학생들이 토의를 통해 학습한 것을 결정하기
  - 새로운 의미
  - 의미의 정확성

토의 활동 평가의 기준

일반적으로 토의활동의 평가는 생략되어지는 경우가 대부분이다. 그러나 토의과정에서 일어난 사항들을 종합해 보고 평가해 봄으로서 토의의 목표와 실제 진행된 사항을 비교 검토해 볼 수 있다. 몇 가지 기준을 요약해 보면 다음과 같다.

- 토의의 분위기
- 토의 중에 일어난 의사소통 유형
- 토의 참가자의 유형
- 토의에 대한 적응의 정도
- 참가들이 느낀 공동체 의식의 정도
- 토의를 통해 이루어진 개인적 인간관계
- 토의 결과에 대한 지지의 정도
- 토의 결과에 대한 가치성과 실효성
- 토의 목표와 실지 결과의 차이
- 개인적 목표와 토의 목표와의 갈등 유형
- 토의를 통한 협동과 이해의 정도
- 토의 사회자의 진행 리더십
- 토의 참가자의 역할
- 토의 참가자의 발언 횟수
- 토의에서 나타난 개인의 성격
- 참여도 및 호응도

토의수업에서 토의집단의 평가

교실에서 이루어지고 있는 토의를 5점(만점: A)부터 1점(최하점: F)까지 주는 경우에 적절한 평가 준거를 제공할 필요가 있다. 다음에서 실제적인 교실 평가의 예를 제공한다.

5점 (A학점) 매우 중요한 아이디어를 제기하고, 도입하며, 탐색함; 토의에 참여한 개인이 자신의 아이디어를 적절히 주장하나, 토의결과는 한 개인이 고려하고 예측한 것보다도 우수함; 모든 집단 구성원은 능동적으로 구성적으로 참여함; 구성원은 다른 사람의 아이디어에 항상 귀를 기울임

4점 (B학점) 훌륭한 토의나 5점 토의에 비해 한 가지 혹은 두 가지 요소가 약함.

3점 (C학점) 평균적인 토의 : 토의는 잘 이루어지지만, 5점 토의의 주요한 요소들이 빠짐. 중요한 아이디어를 놓침; 한 명 정도의 학생은 거의 참여하지 않음 ; 한 명의 학생이 토의를 거의 주도함, 토의가 조직화되지 않음

2점 (D학점) 빈약한 토의 : 5점 토의의 대부분이 빠짐

1점 (F학점) 토의에서의 실패. 토의는 신체적인 싸움으로 끝나거나 토의 구성원은 모두 침울하게 앉아 있으며, 수업이 끝나기만 기다림

토의식 수업에서 진행자의 자기 모니터링

토의 진행자들은 다음과 같은 자기 평가표를 만들어 항상 분석하고 새롭게 발전해 나가야 한다.

문 항 내 용	매우 못함	약간 못함	중간	약간 잘함	매우 잘함
토의에 필요한 준비사항을 충분히 점검했는가?	①	②	③	④	⑤
시간에 맞춰 토의를 시작했는가?	①	②	③	④	⑤
모든 참가자가 골고루 발표할 수 있게끔 분위기를 만들었는가?	①	②	③	④	⑤
분위기를 활발하게 만들었는가?	①	②	③	④	⑤
순조롭게 토의 목표에 접근했는가?	①	②	③	④	⑤
토의 중 나의 개인적인 의견을 설교 투의 언사로 밀어붙이지는 않았는가?	①	②	③	④	⑤
모든 발언자의 의견을 잘 경청하고 이를 요약해 나갔는가?	①	②	③	④	⑤
끝까지 공평한 입장을 취했는가?	①	②	③	④	⑤
부드러운 말로 되도록 간결하게 이야기를 진행했는가?	①	②	③	④	⑤
자주 토의 결과를 마무리하는 데 유의했는가?	①	②	③	④	⑤
흑판이나 도표 등 주변의 자원을 충분히 활용했는가?	①	②	③	④	⑤

토의식 수업에서 학생들의 자기 모니터링

문 항 내 용	매우 못함	약간 못함	중간	약간 잘함	매우 잘함
이해와 관련된 질문을 잘 내었는가?	①	②	③	④	⑤
관계와 연관된 질문을 잘 내었는가?	①	②	③	④	⑤
보다 더 완전한 답변을 하기 위해 조사를 잘 했는가?	①	②	③	④	⑤
다른 사람들에게 설명을 잘 해 주었는가?	①	②	③	④	⑤

* 출처: King(1994)에서 발췌

토의식 수업평가 문항

문 항 내 용	매우 못함	약간 못함	중간	약간 잘함	매우 잘함
전체 토의 시간은 체계적으로 조직되었다.	①	②	③	④	⑤
토의 주제는 수업목표와 일치하였다.	①	②	③	④	⑤
할당된 수업시간은 토의에 적절하였다.	①	②	③	④	⑤
교수는 토의를 활성화하기 위해 노력을 기울였다.	①	②	③	④	⑤
토의 참여자들에게 토의에 참여할 수 있는 기회가 골고루 주어졌다.	①	②	③	④	⑤
토의 진행 중 상호 존중하는 분위기가 유지되었다.	①	②	③	④	⑤
수업 중에 토의할 시간이 충분하였다.	①	②	③	④	⑤
교수는 수업 중 토의를 독점하지 않았다.	①	②	③	④	⑤
사회자는 특정한 학생이 토의를 독점하지 않도록 조절하였다.	①	②	③	④	⑤
토의를 하면서 다른 참여자들에게서 많은 것을 배웠다.	①	②	③	④	⑤
수업 시간에 토의에 참여하는 것이 자유로웠다.	①	②	③	④	⑤
다른 수업보다 이 수업에서 토의에 더 적극적으로 참여하였다.	①	②	③	④	⑤
토의 주제에 필요한 기초자료들이 제공되었다.	①	②	③	④	⑤
토의 칠판이나 기록지를 적절히 사용하였다.	①	②	③	④	⑤
교수는 토의가 끝난 후에 요점을 정리해 주었다.	①	②	③	④	⑤

토의 시작 평가 준거 : 의미

문 항 내 용	매우 못함	약간 못함	중간	약간 잘함	매우 잘함
토의를 미리 준비하게 된다.	①	②	③	④	⑤
재미있는 질문을 내고, 목표를 설정한다.	①	②	③	④	⑤

토의 참여 평가 준거

문 항 내 용	매우 못함	약간 못함	중간	약간 잘함	매우 잘함
토의에 기여한다.	①	②	③	④	⑤
다른 사람의 생각을 듣는다.	①	②	③	④	⑤
돌아가며 토의한다.	①	②	③	④	⑤
다른 사람의 코멘트에 반응한다.	①	②	③	④	⑤
필요할 때 명료화를 요청한다.	①	②	③	④	⑤
불일치는 공손하게 한다.	①	②	③	④	⑤
새로운 아이디어에 노출된다.	①	②	③	④	⑤
토의에서 새로운 아이디어를 얻는다.	①	②	③	④	⑤
초점을 맞춘다.	①	②	③	④	⑤
어느 정도의 깊이에 도달하도록 토의를 지속한다.	①	②	③	④	⑤

반성 평가

토의가 무슨 의미를 가지는지 생각하고 반성한다.

문 항 내 용	매우 못함	약간 못함	중간	약간 잘함	매우 잘함
높은 사고의 수준에 도달한다.	①	②	③	④	⑤
토의가 끝난 후에도 반성하고 수정한다.	①	②	③	④	⑤

성공적인 교실 토의 단계의 설정과 체크 항목

성공적인 교실 토의 단계를 설정하는 것은 2개의 결정적인 요인과 관계된다. 첫 번째 요인은 학생들이 수업시간에 토의 전략을 개발하거나 연습할 시간을 가지는 것이다.

◎ 학생들이 토의 전략을 개발하고 연습할 수 있는 수업 시간을 구축하는가?

- 학생들은 토의 전략을 연습할 시간을 가지고 있는가?
- 교실전체 토의가 매일 일어나는가?
- 소집단 토의는 적어도 매주 3번 정도 일어나는가?

◎ 탐구, 신뢰, 상호 존중의 분위기를 구축하는가?

- 나는 교실에서 탐구 정신을 개발했는가?
- 학생들은 발산적 아이디어나 일치된 견해의 부족으로 편함을 느끼는가?
- 학생들은 열린 마음으로 서로 서로에게 귀를 기울이는가?
- 학생 간에 신뢰와 상호존중이 있는가?

◎ 교실에서 토의의 질은 무엇인가? : 준비와 평가

준비를 평가하기 위한 질문

참가자 ____________________ 일시 ____________________

평가자
:____

- 학생들이 할당된 읽기를 하였는가?

예 모른다 아니오

- 학생들이 반성 저널을 썼는가?
예 아니오

- 학생들이 쓴 저널에서 적어도 한 개의 질문을 썼는가
예 아니오

- 학생들이 토의에 자신이 쓴 저널을 가지고 왔는가?
예 아니오

초점, 목표, 관여 평가

만약 학생 평가와 여러분의 관찰이 참여자들이 토의를 준비하지 않는다는 것을 보여주면, 여러분은?

- 학생들은 정보에 접근했는가?
- 정보는 옳은 수준에서 있었는가?
- 우리는 토의하는 데 한 가지 좋은 질문을 규명했는가?
- 토의에서 세 가지에서 다섯 가지 정도의 중요한 요점은 무엇인가?
- 학생들은 필수 배경 지식을 가지고 있다는 확신이 드는가?
- 학생은 필수 어휘를 가지고 있다고 확신할 수 있는가?
- 잡담은 없었는가?
- 다음 토의 내용을 공고하였는가?

질문

만약 학생들이 토의에 초점을 맞추고, 목표를 세우고, 참여하게 되는 데 어려움을 가진다면, 여러분은 이러한 질문에 유념하여야 할 것이다.

- 교실은 좋고 나쁜 질문에 대한 준거를 가지고 있는가?
- 나는 좋은 질문을 모델화했는가?
- 교육과정과 관련한 나의 질문은 있는가? 난이도의 수준? 관여 수준?
- 중요한 아이디어를 규명하는 방법을 학생들에게 가르친 적이 있는가?
- 자신의 토의를 모니터링하는 전략을 학생들에게 제공한 적이 있는가?
- 비계설정, 문제제기, 듣기 등을 통해 교실이 자신의 토의에 대해 주의의식을 개발하도록 도왔는가?
- 쓰기 준비, 읽기 혹은 추후 등과 같은 다양한 목적으로 토의할 것을 교실 학생들에게 요구했는가?
- 나는 훌륭한 신체 언어를 모델링해주었는가? 전체 집단 토의에서, 나는 훌륭한 실제를 모델링함으로써 참여를 초대할 수 있고, 모든 학생들을 관여시키고, 반응을 물으며, 누가 참여했는지 트랙을 지키고, 듣게 될까?

상호작용

성공적인 토의는 '협력(collaboration), 적극적 경청(active listening), 존중(respect), 신뢰(trust), 돌아보기(taking turns)'과 관련된다. 학생들은 참여해야 하고, 다른 사람이 말하는 것에 관심을 가져야 하고, 명료화를 찾아야 하며, 공손하게 의견의 불일치를 표현할 수 있어야 한다. 즉, 그들의 상호작용(interaction)이 진정한 토의가 일어나게 하는가 아닌가를 결정짓는 것이다.

효과적인 토의식 교수-학습을 위한 부가적인 방법

모든 구성원들이 토의에 참여한다

토의 참여자들이 의견을 유창하고 효과적으로 논의하는 것뿐만 아니라 다른 발표자의 의견에 주의를 기울여 들어 줄 수 있도록 한다. 자신감이 결여된 참여자들은 자신의 의견을 직설적으로 주장하지 못하고 다른 참여자들과 담화를 나누는 듯한 경향이 있다. 사회자는 참여하는 구성원들이 지니고 있는 주제와 관련된 유용한 견해 및 경험을 이끌어 내어 준다.

관련 없는 사항들을 첨가시켜 토의가 옆으로 새지 않도록 한다

해당 주제에 대해 토의를 전개시켜 나가되, 관련 없는 사항들을 첨가시킴으로써 토의가 옆으로 새지 않도록 하고 학습내용에 집중시킨다. 토의 참여자는 첫째 문제 혹은 주제를 잘 파악하여 토론의 핵심이 다른 곳으로 넘어가지 않도록 한다. 둘째, 사용하는 용어의 정의를 분명히 한다. 토의자끼리 주제와 관련해서 사용하는 용어의 의미가 다른 경우 토의가 원활하게 이루어지기 어렵다.

사적인 논쟁은 피한다

개인적인 문제와 토의 주제를 연계시키지 않도록 주의한다. 토의는 공식적인 의사소통 방법으로 주장을 세우고 근거있게 말하는 것이 주된 활동이다. 자신만의 견해이거나 타인의 개인적 문제를 토의에 가져와서 논점화하지 않도록 한다.

공식적인 언어를 사용한다

토의는 공식적인 자리이므로 비속어나 은어 등을 사용하기에는 부적합하다. 토의나 토론식 학습에서 참여자들의 친숙도가 높은 경우에 반말을 사용한다거나 호칭도 '○○야'라고 부르기 쉽다. 되도록이면 서로를 높여주는 경어를 사용한다.

● 다른 참여자들과 친밀감을 유지한다

발언자와 눈을 맞추고, 귀기울여 들어주며, 자신의 관점에 동조해 주는 사람에게 감사의 의미로 고개를 끄덕여주는 등의 제스처를 취하는 것은 토의가 긍정적인 교수-학습이 되도록 이끈다.

대형강의에서 토의식 교수-학습법

대형강의(large class)는 교수 일인당 학생 비율이 높아져서 수업의 집중도가 낮기 쉽고, 수업 참여자간의 의사소통이 부족할 여지가 높기 쉬운 문제가 있다. 대형강의로 이루어지는 수업의 경우 선수 과목으로 요구되는 필수교과목인 경우가 많으므로 학생들의 적극적인 학습이 요구된다.

대형 강의 속의 소집단 토의 활동

- 소집단 토의 활동을 활성화한다. 학생들에게 토의 과제물을 줌으로써 소집단 안에서 서로 도울 수 있도록 격려한다.

- '2명 토의', '4명 토의' '버즈 토의'에 학생들이 익숙해질 수 있도록 매번의 대형 강의 속에서 반복 실시한다.

- 소집단의 구성 멤버는 '전공', '나이', '성별' 등을 고려하여 다양하게 구성한다.

- 소집단 토의 이후에는 내용을 토의내용을 발표하거나 요약할 기회를 가진다.

- 무임승차하여 토의에 전혀 참여하지 않는 학생이 없는지 살핀다.

- 수업시간 중에 토의를 진행하기 어려운 경우에는 '온라인(on-Line)'상의 토의도 고려한다. 게시판, 실시간 토의 등을 활용한다. 예를 들면, 계명대학교 교수진들과 학생들은 교수학습지원센터의 '교수-학습지원 시스템'을 활용할 수 있다

제5부

온라인 토의

온라인(on-line) 토의식 교수-학습법

컴퓨터의 급속한 발달과 시공간적 접근 용이성으로 인해, 유비쿼토스 교육이 활발해지게 되었다. 초기 비용과 노력이 많이 들긴 하지만 온라인 교수-학습이 점차적으로 일반화되고 있다. 더불어 '토의 기반 온라인 교수법(discussion based online-teaching)'을 활용하는 교수의 수도 증가하고 있다.

온라인 교수-학습이 이루어지는 곳은 '가상 라운지(virtual lounge)'라고도 하며, 여기에서의 토의도 오프라인에서 마찬가지로 '아이스브레이크'는 물론 학기 초에 친숙한 관계를 맺을 수 있는 기본적 활동에서부터 다양한 활동으로 전개 가능하다. Salmon(2000)은 가상 라운지에서 학생들의 관계형성을 '온라인 사회화(on-line socialization)'라고 부르고 있다.

› 기계공학부>설계및생산공학(1)　　학습계획서 보기

셀방 정보 | 자유게시판 | 보고서 제출 | 인증서 신청

번호	제목	작성자	날짜
19	아래 꺼는 내가 한 거구 이건 아는 형이 한 거	이원구	2004.10.16
18	경섭아~	이원구	2004.10.16
17	오늘 정말 많은 것을 배웠습니다~	이원구	2004.10.08
16	↳ [답변]오늘 정말 많은 것을 배웠습니다~	황경섭	2004.10.08
15	질문입니다.	송지운	2004.10.06
14	↳ [답변]질문입니다.	황경섭	2004.10.07
13	질문이요~	이원구	2004.10.06
12	↳ [답변]질문이요~	황경섭	2004.10.06
11	이제부터 다들 분발합시다~ㅋㅋ	황경섭	2004.10.02
10	튜터링 시작했군요^^	이원구	2004.09.30

쓰기

1 | 2

온라인 토의 예시

온라인 토의식 교수-학습법

텍스트 기반 교수-학습법

온라인 토의식 교수-학습법은 기본적으로 씌여지는 내용, 즉 텍스트(Text)가 기초가 된다. 그러므로 토의자가 올리는 '텍스트'의 내용은 누구나 읽을 수 있도록 표현하는 교육을 첫 시간에 제공한다.

비동시적 토의

온라인 토의에서는 참여자들이 로그인하여 편리한 시간대에 토의에 참여하는 비동시적인 토의(asynchronous discussion)가 주로 활용된다(Bender, 2003).

❑ 글쓴이 : 윤준영

저번에 튜티 영재군과 기공수 과제에 대해서도 대화를 나누어봤는데요. 이번 튜터링 시간에 같이 모여 의견을 좀 나누어 보았으면 좋겠네요^^ 아직 배우지 않은 열전달에 관한 문제인 듯 싶더라구요. (중략…) 다들 열심히 하고 계신 것 같아서 튜터로서 기분이 좋네요^^ 다음 튜터링 시간에 뵙겠습니다. 언제나 그렇듯이 질문은 대환영입니다.

❑ 글쓴이 : 김태현

기계공학수학을 혼자 수강하고 있어서 어려운 점이 많았는데 이번에 셀방 모임을 하다 보니 같은 수업을 수강하는 학우가 있어서 앞으로 서로 도움을 주고받기로 하였습니다. (중략…) 앞으로 많은 도움이 될 것 같구요. 좋은 학우들을 사귈 수 있는 좋은 기회가 될 것 같습니다. 수업시간에 일방적으로 배우는 학습이 아니라 서로 연구하면서 되새김질 하는 좋은 계기가 될 것 같습니다.

❑ 글쓴이 : 이원구

영화 '미션 임파써블'에서 톰크루즈가 화씨 1도만 올라가도 비상벨이 울리는 경보 시스템이 작동하는 방에 들어가 정보를 몰래 빼내어 오는 게 현실적으로 가능한지 푸는 중요한 과제에 대해 토의하였습니다. 준영인 풀어보지 않는 문제인데도 정곡을 찌르는 힌트들을 주더군요~ 아 도전이 되더군요~ 고맙다~ (후략…)

온라인 토의의 내용 예시

온라인 상의 토의와 토론에서는 '표현의 간소화'가 나타난다.

온라인 상에서의 '표현의 간소화'는 정상적인 형식적 표현의 표준에 있어서의 완화를 쉽게 찾아볼 수 있다. 철자나 문법에 있어서의 일상적인 규칙이 상당히 완화되어 있을 것이다. 인터넷상에서는 형식을 갖춘 완전한 문장이 3단어로 이루어진 어구로 줄여지기도 한다.

온라인 상에서 글을 쓰는 것은 '책 속에 씌여진 글'이라기보다는 평소의 '말하는 것'과 같다.

사람들이 의사소통을 하는 데는 말(담화)과 글(글쓰기)의 두 가지 중요한 방법이 있다. 인터넷은 새로운 차원의 흥미를 제공해 준다. 만약 글로 기술된 책을 읽고 있어서, 10페이지에서 그만 읽기로 결정한다면 자신이 10페이지까지 되돌아가면 그것이 똑같은 상태로 유지될 것이다. 그러나 인터넷은 일반적인 글과는 다르다. 인터넷을 통해서 어떤 대상은 끊임없이 움직이게 된다. 인터넷은 고정되어있는 정적인 것이라기보다는 살아있는 역동성을 지니기 때문에, 만약 특정 스크린에서 정지해 있다가 나중에 되돌아가서 그것을 재생시킨다면, 어떤 대상들은 아마도 바뀌어 있을 것이다.

'이모티콘'을 사용한 감정표현의 사용증가가 온라인 상에서 확대되고 있다.

인터넷으로 의사소통을 할 때 우리는 몸짓 언어 · 얼굴 표정 · 음색(어조)이 나타내지 못하기 때문에, 감정을 표현하는 방법에 대한 주제가 이모티콘의 형태로 나타났다. 이모티콘은 emotion과 icon의 합성어이다. 온라인 상에서 의사소통의 친밀도를 높이는데 기여하고 있다. 초기의 이모티콘은 웃는 표정이 많았다. 그래서 이모티콘을 스마일리(smiley)라고도 불렀다. 이모티콘과 같은 인터넷에서 나오는 문자언어는 수백 년 전에 개발된 느낌표나 물음표와 동등한 가치를 지니고 있다.

^_^	웃는 얼굴	'*^^*'	반가운 표정
^O^	웃는 얼굴	(^_^)/	손 흔들며 인사
^.^	웃는 얼굴	=.=	졸린 눈
·0·	만족한 표정	?.?	황당하다는 표현
o_o	놀란 눈	:-)	기분이 좋다
'^^'	쑥스럽게 웃는 모습	:-(	기분이 나쁘다

다양한 이모티콘 예시

새로운 인터넷 축약형 언어

인터넷으로 인해 새로운 인터넷 용어와 축약형의 약어들이 많이 출현했다. 흥미롭게도 인터넷이 존재하게 된 이래로 단어의 앞에 'e-'를 붙이거나 '닷컴(dot com)'을 붙이는 것과 같이 약 2000개 이상의 신조어들이 도입되었다. 젊은 학생들에게 있어 'LOL'은 '큰 소리로 웃는 것'을 의미하고, 'RPFL'은 '바닥에서 떼굴떼굴 구를 만큼' 유쾌한 기분이 극도에 달했다는 것을 의미한다. 약어에 대한 다른 예로는 'X!'가 있는데 이것은 '전형적인 여성'을 의미하는 것이고, 'Y!'는 '전형적인 남성'을 의미한다. 하지만 가장 놀라운 것은 인터넷을 통해서 신종어들이 대중들 사이에 유포되는 엄청난 속도이다. 온라인 상의 배포로 인해서, 언어학 역사상 그 어느 때보다도 더 빠르게 신조어가 유포될 수 있다.

온라인 토의 상에서 글에 대한 비평

얼굴 표정과 음조의 변화가 없는 상황에서 글에 대한 비평은 어떤 맥락 속에서 전해질 때보다 더 가혹하게 들릴 수도 있다. 그러므로 비평은 어떤 변화와 개선에 대하여 제안을 하기 전에, 긍정적인 견해를 언급해 줌으로써 전략적으로 이루어져야 한다. 이러한 측면에서 비평은 품위를 떨어뜨리는 것보다는 유익하고 건설적인 것으로 간주되어야 한다.

온라인 상의 유머

유머는 스트레스를 줄여 줄 수 있고, 학생들이 답변을 편안함 마음으로 할 수 있게

도와준다. 그것은 좌절감을 최소화시켜주고, 학습을 고양시키고 학생들의 이해력을 증진시켜주는 건전한 분위기를 조성해준다. 뿐만 아니라 신뢰와 친밀감을 가져다주고, 웃음이라는 전인류적인 경험을 공유할 수 있다. 그리하여, 유머는 학생들을 결속시켜주고, 편견을 일으킬 수 있는 가능성을 줄여주며, 학급에 진정한 동지애를 가져다줄 수 있다.

주의나 공지사항 등이 온라인 토의에는 필수적이다

집단의 역동성은 매 학기마다 다르기 때문에, 이전 학기에 학생들에게 재미를 주었던 것이 다음에는 다른 반응을 일으킬 수도 있다. 그러므로 교수는 학생들을 이해하고 그들의 생각에 민감하게 주의를 기울여야 한다. 학생들의 반응을 끌 수 있는 주의사항이나 공지사항을 개발하고 이를 필독하도록 하는 것은 온라인 토의를 성공적으로 이끄는 최선의 방법이다.

온라인 상에서 '말'은 마음의 창이다

눈이 우리의 마음의 '창'이라고 일컬어지는 것과 마찬가지로, 온라인 상에서는 '말'이 마음에 대한 창이라고 할 수 있을 것이다. 만약 우리가 온라인 상에서만 수업을 하고 학생들을 직접 만나지는 않는다면, 이러한 상황은 더 가중될 것이다. 그러므로 온라인 상에서는 말도 인격이라 생각하며 신중하게 해야 할 것이다.

온라인 상에서 글쓰는 스타일

글을 쓰는 데 있어 두 가지 문체가 있다. 한 가지는 형식적인 문체로서, 주로 강의할 때 사용한다. 다른 한 가지 문체는 말하는 방식처럼 글쓰는 것이다. 후자의 방법은 질문을 하고, 학생들의 의견에 답변을 해주고, 더 많은 질문을 하는 것과 같이 매일 반복되는 평범한 글쓰기이다. 온라인 상에서의 대화형 문체는 오프라인의 세미나에서 학생과 함께 앉아서 말하는 방식과 흡사하다.

온라인 토의의 세 가지 자유

공간적 제약으로부터의 자유

교실에서의 수업은 때때로 좌석 배열로 인해 제약을 받게 된다. 특히 붙박이 의자나 책상 및 가구가 있는 등의 불편한 교실에서는 더 큰 제약을 받게 된다. Blankspoor (1996)은, "우리들 대부분은 수업에서 우수한 성적으로 거두고 있는 학생들과 상호작용하는 것을 좋아합니다"라고 말한다. 이것은 제약받는 교실 안에서도 앞자리를 점유하여 수업에 적극적으로 참여하는 학생들을 칭찬하는 말이다. 과묵하거나 수줍어하는 학생들을 간과해서는 안된다. 온라인 토의를 통해서 과묵하거나 수줍어하는 학생들도 교실의 제약에서 벗어나 쉽게 상호작용할 수 있다. 온라인 토의는 이러한 공간적 제약에서 오는 수업 참여도의 차이를 없애줄 수 있다.

시간적 제약으로부터의 자유

온라인 수업은 24×7(24시간/1주일 내내)을 이용할 수 있다. 캠퍼스 상의 수업은 컨디션에 따라 달라지지만, 온라인 상에서 우리는 어떤 영감을 얻자마자 스위치를 클릭하기만 하면 수업에 참여할 수 있다. 이것은 자기 주장이 덜 강한 학생들에게도 도움을 준다. 캠퍼스 상에서 "우리가 지난주에 배웠던 내용들 중에서 가장 중요한 것들은 무엇이었습니까?"라고 이전 수업에 대한 질문을 하는 것으로 새로운 수업을 시작하여 한 수업에서 다음 수업으로 완만한 전환을 이행하는 것은 권장할 만한 일이다(Brookfield & Preskill, 1999). 온라인 상에서는 여러 수업들 사이의 시간적 전환에 대해서 거의 관심을 가지지 않는다. 사실상, 교수는 다음 화제를 고찰하기 위해 새로운 포럼을 개시하였을 때조차도, 이전의 화제에 대해서 토의를 계속할 수도 있다.

문화적 제약으로부터의 자유

다른 문화는 예의바른 행동이 무엇이냐에 대해 다른 기준을 보여주고 있다. 미국인들은 귀담아 듣고 있다는 것을 나타내기 위하여 상대방을 눈을 바라보는 것을 중요하게 여기는 반면에, 다른 문화권에서는 교수로부터 어느 정도의 거리를 두고 어느 정도 점잔을 뺄 때 그 사람을 예의바른 사람이라고 간주한다. 그러나 온라인 교육의 비중이 높아지게 되면 될수록, 한국인이나 미국인이냐 혹은 다른 지방이냐에 대한 구속은 엷어지게 된다. 즉 문화적 제약으로부터 자유롭게 된다.

온라인 토의식 교수 전략

온라인 토의식 교수 전략

시작시간과 마침시간

비동시적인 토의가 이루어지기 때문에 토의 주제뿐만 아니라, 다음의 예시와 같이 토의 시작시간과 마침시간을 반드시 공지한다.

> **토의 알림 예시**
>
> 토의주제 : '독도가 우리땅임을 알리기 위해 한국의 대학생들은 무엇을 해야 하는가?'
>
> 토의시간 : 2005년 5월 9일 00시:00분:00초~2005년 5월 13일 23시:59분:59초

흥미로운 토의 주제 설정

토의 주제는 학생들의 참여나 관심을 불러일으키는 내용으로 정한다. 지나치게 단순하거나 같은 입장이 많을 수 있는 주제는 토의 활성화에 도움이 되지 않는다. 학생들에게 지적인 도전감을 줄 수 있거나 직접적으로 관련될 수 있는 유용한 주제를 선택한다.

토의참여와 의무사항

'온라인 토의식 교수-학습'에서는 '토의참여'가 곧 학생 '의무사항'임을 공식적으로 알려준다. 토의를 중심으로 수업이 진행되므로 보다 열의 있고 능동적인 학생이 '훌륭한 학생'으로 인정된다는 점을 말해 준다.

학습서클 구축

온라인 토의가 잘 이루어지도록 하기 위해 몇 몇의 학생들이 소집단 집중 토의를 손쉽게 할 수 있는 '학습 서클(learning circle)'을 구축한다. 팀프로젝트 방식을 채택하거나

주제별 학습 서클로 구분해도 된다. 토의 참여자의 각각의 의견과 생각 등이 달리 나올 수 있도록 학습 서클 구조를 만든다. 학습 서클의 구성원은 4~15명이 바람직하며, 상황에 맞게 달리 적용하면 된다.

- 참여하는 학생들의 선행 학습과 개인적 경험을 토의에서 말할 수 있도록 질문한다.

- 토의를 통해 개념 형성, 창의적 문제해결, 사회적 의미의 구축이 일어날 수 있도록 '고차적인 수준의 질문 연쇄고리'를 제공한다. 예를 들면 Bloom의 교육목표분류학에서 사용되는 '~을 열거하면?' 하는 식의 '지식'을 묻는 질문에서부터 시작하여, '~을 ~ 시각에서 비판하면?'은 '평가'와 같은 고차적 사고를 촉진하는 질문 등으로 연결되는 질문 연쇄고리를 활용할 수 있다.

Bloom의 교육목표분류학을 활용한 질문의 수준

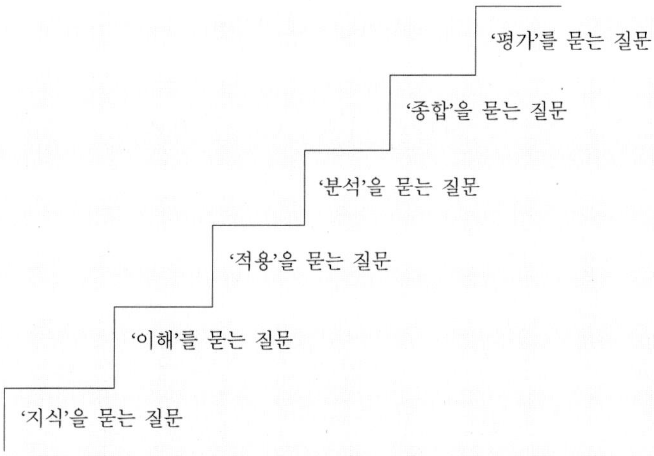

- '지식'을 묻는 질문 예시 : 정의하면? 구분하면? 열거하면?
- '이해'를 묻는 질문 예시 : 자기 말로 나타내 보면? 예를 들면? 해석하면?
- '적용'을 묻는 질문 예시 : 관련시키면? 분류하면? 조직하면?
- '분석'을 묻는 질문 예시 : 공통점이나 차이점을 중심으로 특징을 뽑아보면? 비교하면?
- '종합'을 묻는 질문 예시 : 구성하면? 창안하면? 제안하면? 구체화하면?
- '평가'를 묻는 질문 예시 : 판단하면? 고려하면? 결정하면? 촌평하면? ~의 식각에서 비판하면?

- 참여 학생들의 피드백은 교수와 또래 학생들이 함께 제공한다. 학생들은 스스로 질의와 응답으로 이루어지는 토의를 주도적으로 이끌 수 있다. 그러나 교수의 피드백이 있으면 학생들은 방치되는 느낌을 버리고 보다 적극적으로 참여할 수 있다.

> 질문제기 : 질문이 제기되었을 경우에는 즉시 피드백을 제공한다.
> 토의 방향 조정 : 토의의 전체 흐름을 관찰하여 중간 중간에 모니터링을 하는 개입이 필요하다.
> 토의 내용 종합 : 토의 내용의 요약은 학생들이 참여하여 진행할 수 있도록 이끌어도 된다.
> 그러나 전체적 종합에는 참여한다.

온라인 토의 평가 기준의 명시와 게시

- 토의에 참여하는 정도와 질에 대한 평가 기준을 제시한다. 참여 횟수, 게시한 자료의 양 정도는 강의 운영 관리모드에서 점수화한다. 토의 활동에서 저널(journal)에는 '00점', '토의 포트폴리오(portfolio)'에는 '00점' 등과 같이 제시한다. 양적 평가 못지 않게 질적 활동 수준에 대해서도 따로 평가가 이루어진다고 명시한다.

- 토의 방식으로 '퀴즈'나 '시험'의 시간과 내용을 예고하고 치른다.

돌발 문제 상황

- 가열화된 온라인 토의

'다중 제출(multiple submission)', '이메일 동시 사용' 등에 주의한다. 되도록이면 최선의 토의 내용을 게시할 수 있도록 하고, 다중제출 내용을 학생 스스로 지울 수 있도록 이끈다. '토의의 통로' 역시 토의실이나 토의장 안에서만 이루어지도록 하고 '이메일 사용'을 제한하여 온라인 토의를 활발하게 만든다.

- 지각학생

새로운 토의가 시작되었는데, 이미 토의 시기가 마감된 주제를 토의하는 학생들을 지각학생들로 볼 수 있다. 온라인에서는 토의내용을 모두 시각적으로 확인할 수 있으므로 교수나 또래 학생들의 제지나 경고 등으로 제어한다. 토의시간이 닫힌 다음에는 토의를 할 수 없다는 점을 재차 각인시켜 준다.

온라인 역할놀이 활용

- 토의에서 '찬성자'과 '반대자', 혹은 '정보제공자', '의견자', '판단자' 등의 역할을 두어 온라인 역할놀이에 공식적으로 참여한다.

> ◇ 온라인 역할놀이 참고 인터넷 사이트
> http://www.styluspub.com/resources/discussionbasedonlineteaching.aspx

온라인 토의를 활발하게 진행시키는 방법

온라인 토의와 토론을 원활하고 활발하게 진행시키기 위해서 의사소통 수준을 높인다. 학습은 토의를 통해서 가장 우수한 효과를 거둘 수 있다. 의사소통 혹은 의견교환은 '~ 사이에'라는 의미를 지닌 'dia'와 '단어'라는 의미를 지닌 'logos'에서 유래된 것이다(Vwlla, 1997). Salmon(2000)이 '정보 교환'이라고 부르는 이 단계는, 왕성한 상호 작용적인 토의가 일어나는 단계인데, 이 단락에서 주의를 기울일 부분은 효과적이면서도 심도 깊은 토의를 이끌기 위한 여러 가지 기법들을 활용하는 것이다.

토의에서 교수가 기대하는 바를 명확히 규정한다

참여의 빈도

해당 강의를 시작할 때 교수는 학생들에게 얼마나 자주 '로그인'하여 '참여할 것'을 원하는지에 대하여 언급한다. 단순히 로그인을 하는 것만으로는 충분치 않기 때문에, 학생들이 직접 참여해야 한다고 강조한다. 또한 교수가 얼마나 자주 수업에 참여할 것인지에 대해서도 명백한 정보를 제시해 준다. 예를 들어 '월요일 · 수요일 · 금요일 11시에서 1시까지 로그인할 것'이라고 제시해야 한다.

참여도를 최종 성적이나 평점에 중요한 비중을 두되, 질적인 부분도 고려한다

참여도를 최종 성적에 매우 중요한 가치를 지니도록 만들고, 참여의 질 역시 높이도록 시도한다. 요컨대, 이틀에 5번 로그인을 하지만 단순히 "저는 박창수의 의견에 동의합니다"라는 말만 하는 학생은 해당 회기(session) 동안에 단 한 번만 로그인을 하지만 사려 깊고, 독자적이며, 통찰력 있는 답변을 하는 학생만큼 많은 기여를 하고 있다고 볼 수 없는 것이다. 만약 토의에 대한 참여도가 최종 성적에 매우 결정적인 역할을 하므로 학기가 끝날 때까지 비밀로 남겨두기보다는, 해당 학기 전반에 걸쳐서 특정한 간격을 두고 성적이나 평가결과를 학생들에게 알려주는 것이 올바른 접근이다.

온라인 상의 답변 방식

온라인 토의는 세미나와 같은 느낌을 가져야 한다고 학생들에게 알려줘야 한다. 리포트 작성과 같이 형식이 있기보다는 참여자들의 자발적인 의식의 흐름에 따라서 자신이 알고 있는 유익한 정보가 담긴 아이디어들을 서로 자유롭게 주고받을 수 있는 기회를 제공한다. 온라인 토의에서는 한편의 에세이를 쓰는 것이라기보다는 자유롭게 '이야기를 나누는 것'이라는 느낌을 갖는 것이 권장할 만하다. 이야기를 나눌 때에 온라인 토의의 열기는 더욱 높아진다.

'예의 바름'을 토의 규칙으로 정해 둔다

교수들은 학생들의 이름(온라인 상에서 부르기 쉬운 호칭)을 알고 있어야 하고, 학생들의 말에 대해 자주 사려 깊게 답변해 줌으로써 학생들 각자에 대해 관심을 보여주어야 한다. 예를 들어 Blankespoor(1996)은 학기가 시작될 무렵 학생들에게 "한 학기 동안 이 학급은 하나의 가족과 같으며, 가정에서와 마찬가지로, 모든 학생들은 적극적이고, 주의를 기울여 행동해야 하며, 사려 깊고, 예의바르며, 관용을 베풀 줄 알아야 한다"와 같은 이야기를 하였다.

교수는 학생들에게 어떤 주제에 대해서 토의 전반에 걸쳐서 다양한 관점으로부터 철저하게 논의하여 결론을 도출해내는 것을 좋아한다고 알린다. 예의바른 행동을 배우는 것은 궁극적으로는 다원적인 세계 속의 학생들에게 결정적인 역할을 하기 때문에, 혹독한 도전과 아이디어의 교환에 참여하는 방법을 배우는 것은 필수적이다(Baldwin, 2000).

소크라테스적 방법을 활용한다

소크라테스적 방법은 '문답법'이다. 온라인 수업에 있어서, 학생들에게 일방적 강의를 하는 방법과 소크라테스식 방법을 이용하는 것 중에서 어느 것이 더 나은 방법인가? 온라인 토의에서 소크라테스적 방법을 활용하여 참여자의 교육이나 선행 지식 혹은 개인적인 경험 사이의 관계를 신중하게 적극적으로 탐구해보고, 그에 따라 적절히 반응할 것을 권장할 때, 학생들은 의미심장한 방식으로 학습하게 된다.

토의 속에서는 적절한 자기노출이 필요하다

Fisher(2001)는 "교육은 어느 정도의 숨김없이 이야기를 털어놓는 자기노출 없이는 이루어질 수 없다"고 이야기한다. 만약 정보가 의미심장하고 관련 있는 것이라고 간주되어 학생들이 그들의 지식과 경험을 활용하도록 고무시킨다면, 진정한 학습이 이루어지게 될 것이다. 지나친 '상아탑' 본위의 수업과 과도한 양의 사적인 일화 위주의 토론으로 빠져버리는 수업 사이에 적절한 균형을 이루는 것이 중요하다.

능동적인 토의를 격려한다

우리는 학생들이 능동적인 학생이 되는 것에 대한 이점에 대해 이야기를 나누었지만, 거기에는 학기 내내 학생들의 답변을 읽는 것이 왜 이로운지에 대한 실질적인 이유도 존재한다. 예를 들어, 만약 두 명의 학생들이 매우 우수한 기말 보고서를 제출하였지만, 한 참가자는 학기 전반에 걸쳐 매우 적극적으로 참여를 한 반면에 다른 학생은 대개 토의에 불참하였다고 한다면, 두 번째 학생의 과제에 대한 신빙성을 어떻게 판단할 수 있겠는가? 그리고 이 학생은 동등한 학점을 받을 만한 가치가 있다고 생각할 수 있는가?

온라인 토의에서 참여를 방해하는 요소

시간 · 공간 · 문화적 자유에도 불구하고, 온라인 토의식 교수-학습에서의 문제점 또는 방해되는 요소들이 많다.

온라인 상에서의 침묵

온라인 상에서 '침묵'은 만약 학급의 규모가 큰 경우에 하루나 반나절과 같이 상당한 양의 시간이 흐르고 난 후에도 아무도 새로운 답변을 제시하지 않는 것을 가리킨다. Richardson과 Turner(2001)는 대학에서의 원격강좌를 표본조사하고 난 후에, 원격강좌가 모든 온라인 참가자들의 분열과 고립을 초래하기 때문에, 효과적인 의사소통은 온라인 상에서는 이루어질 수 없다는 결론을 내렸다. 즉, 온라인 상에서 학생들은 의사소통을 촉진시켜주는 시각적 · 운동 감각적 · 청각적 신호들을 잃게 된다고 보고하였다. 온라인 토의에 참여하는 한 학생은, "온라인 상에서는 무언가를 말하는 것이라기보다는, 우리가 말하고자 하는 것에 대해서 생각을 해야 한다는 점이 부자연스러운 듯 보인다"고 주장한다. Richardson과 Turner(2001)는, '어떤 의견을 게시하고 난 후에 아무도 그에 대해 답변을 해주지는 않는 것과 유익한 내용은 논의되지 않은 채 대화가 느릿느릿 진행되는 경우에 불안감을 느낀다'는 다른 한 학생의 이야기를 보고한 바 있다.

온라인 상에서의 침묵이 무엇을 의미하는지에 대해서 고찰해볼 필요가 있다. Brookfield와 Preskill(1999)는 "온라인 상의 침묵을 두려워하지 말라"고 이야기한다. 흔히 교수는 학생들이 답변을 하는지를 확인하기 위해 기다리는 것 대신에, 그 침묵을 메우고 질문에 대한 해답을 제시함으로써 불편함을 극복한다. 캠퍼스 상에서 침묵이 꼭 학생들의 관심이 부족함을 의미하는 것이 아니라, 오히려 학생들이 생각을 하고 있는 중이며 아이디어를 창출해내고 있을 수도 있다. 교수들이 학생들에게 생각할 시간을 주기 위하여 해야 할 일은 그 질문을 쉽게 풀어서 설명해주는 일이다.

시각적 · 구술적 단서의 부재

시각적 및 구술적 단서의 부재는 초기에 일부 학생들에게 혼란을 줄 수 있다(Rohfeld & Hierstra, 1995). 일반적으로 공지사항부터 학습내용에 이르기까지 정보다 단서를 학생들이 접하지 못하면, 교수-학습의 진행에 어려움을 겪을 수 있다.

'동시적 및 비동시적 형식'의 토의

여러 컴퓨터를 통해 여러 학생들이 발언하는 동시적 혹은 비동시적인 형식은 학생들에게 토의를 비체계적이라는 느낌이 들도록 할 수도 있다(Rohfeld & Hiemstra, 1995).

동기부여의 곤란

학생들에게 참여하고자 하는 동기를 크게 부여해주지 못할 때 적절한 조치를 취하기가 어렵다. 어떤 학생이 교수의 특정 답변에 의해서 감명을 받을 수는 있지만, 시간적 제약 · 시간 지체 · 불안함 · 무력증(無力症) 등의 이유로 인해 침묵을 유지하게 될 수도 있다.

질문의 애매모호성

교수의 질문이 너무 애매하거나, 온라인 수업이 아직 학생들에게 안정감을 주지 못하면 학생들은 토의에 몰입하지 못할 수도 있다.

길 잃어버리기

학생들은 명확한 줄거리가 없는 토의 형식에서의 복잡한 흐름으로 인해 혼란을 겪게 된다. 온라인 상에서 토의하고 있는 학생들은 겨우 그들이 답변하고 있는 즉각적인 메시지만을 볼 수 있지만, 최종적인 답변으로 이끌어주는 대화의 흐름이나 줄거리를 놓치고 있을 수 있다. 그리고, 학생들이 자신의 답변을 덧붙여 넣기 전에 다른 학우들의 모든 새로운 답변들을 꼼꼼히 읽어본다면, 학생들은 어찌할 바를 모르고 자신이 답변하고자 했던 핵심 메시지로 되돌아가는 길을 찾을 수가 없을 것이다.

너무 긴 답변

학생들이 게시한 답변이 너무 길면 토의 진행을 저해하게 된다. 너무 길어서 온라인 토의 내용을 읽지 않게 되는 것보다는 토의 초기에 '500자, 1000자 내외' 등의 규정을 두어서 주장하고자 하는 내용을 보다 조직화된 형식으로 온라인 상에 게시하도록 한다.

컴퓨터가 없는 환경

컴퓨터가 없는 학생들이 있을 수도 있는데, 그러한 학생들은 그로 인해 불리한 입장에 놓이게 될 수도 있다. 컴퓨터가 있는 학생들은 언제든지 기분 좋게 클릭하여 원격수업에 참여할 수 있는 반면에, 컴퓨터가 없는 학생들은 컴퓨터실에서 이용 가능한 컴퓨터를 찾기 위해 오랫동안 기다려야 할 수도 있다. 그리하여, 컴퓨터가 없는 학생들은 컴퓨터가 있는 학생들에 비해서 온라인 수업을 덜 즐긴다는 연구결과가 발표된 바 있다(Benson & Wright, 1999).

대규모 온라인 강의에서 피드백의 어려움

만약 교수-학습의 규모가 비교적 크고, 교수가 모든 포럼에서 학생들에게 답변을 해주어야 한다면, 이때 인위적인 요소를 일반적인 대화의 전개에 도입시킬 수 있는가? 전통적인 수업에서의 모든 학생들은 모든 논제에 대한 토의에 참여하는가? 예를 들어, 만약 20명 이상의 학생들이 있고, 논제에 대해 이야기할만한 독창적인 내용이 아무것도 남아있지 않을 때, 피드백은 반복될 수 있을까? 그러므로 대규모 온라인 토의에서는 피드백의 어려움이 있다.

온라인 토의에서 참여가 부족한 경우에는?

전체적인 참여와 상호작용이 이루어지는 토의는 사고를 촉진시키는 데 도움을 주는 중요한 교육 방법이기 때문에 바람직하다(Berge & Muilenburg, 2002). 온라인 환경에서 의사소통이 분리되고 학생들이 고립감을 느낄 수도 있지만 반드시 그런 것이라고 보기는 어렵다(Richardson과 Turner, 2001). 실제로 온라인 상의 교수-학습을 경험하는 많은 학생들은, 오프라인 상의 수업에서보다 급우들과 더 쉽게 친해질 수 있었다고 보고하고 있다. 뿐만 아니라 학생들은 얼굴을 대면하는 상황에서 공유하게 되리라 상상할 수 있었던 것보다도 온라인상에서 훨씬 더 많은 개인적인 정보를 털어놓았다고 이야기하고 있다.

온라인 수업이 오프라인 수업보다 더 많은 시간이 걸린다고 미리 알린다

온라인 수업에 참여하는 것은 오프라인의 캠퍼스 상에서의 수업보다도 더 많은 시간이 걸린다는 사실을 학생들에게 미리 알려준다.

좋은 질문을 하라

좋은 질문을 하는 것은 양질의 토의를 이끌어내는 데 있어 매우 중요한 역할을 한다. Berge와 Muilenburg(2002)도 "구성주의 학습 환경에서, 온라인 토의를 원활히 진행시켜 나가는 데 있어 좋은 답변을 해주는 것보다 적절한 질문을 하는 것이 거의 항상 더 중요하다는 사실을 항상 명심해야 한다"고 주장한다.

애매한 질문은 피한다

애매한 질문을 하는 것은 삼가야 한다. 만약 그 수업이 아직 안정적으로 자리를 잡지 못했다면, "여러분은 무슨 생각을 하고 있습니까?", "우리가 제일 먼저 논의할 토픽을 제시해 주실 분 있으십니까?", "어떤 궁금한 점이 있습니까?"와 같은 자유해답식 질문은 아무런 답변을 얻지 못할 수도 있다(Brookfield & Preskill, 1999).

'그렇다' 또는 '아니다'는 답변을 요구하는 질문이나, 한 가지 특정한 사실을 요구하는 질문은 피한다. 예를 들어 '워털루 전쟁이 언제 발발했지?'와 같은 질문을 하는 것보다는 특정한 사실들을 제시해준 상태에서, 비교·예측·원인을 제시하는 부분은 학생들에게 넘겨서 의견을 이끌어 내는 것이 더 높은 수준의 질문인 것이다.

정보에 근거한 지적인 회화체를 권장하라

견제해야 할 사항들 중 하나로 학생들은 정보에 근거한 지적인 회화체의 진술보다는 지나치게 길고 수필에 더 가까운 진술을 게시하는 것을 들 수 있다. 상대방의 반응을 예측할 수 있는 오프라인 상의 토의에서보다도, 온라인 토의에서 장황한 수필체의 진술은 학생과 학생들, 교수와 학생의 문답을 더욱 어렵게 만든다(Wegerif, 1998).

교수가 충실한 참여를 하여 토의의 발달을 도모하라

모든 학생들이 교수가 제기하는 독창적인 질문에 대해 해답을 제시하고, 그에 대한 창의적인 사고에 기여할 수는 없을 것이다. Berge와 Muilenburg(2002)는, 만약 학생들 사이에서 토의가 왕성하게 잘 이루어지면 교수는 그에 개입하지 않고 한 걸음 뒤로 물러서서 지켜보기만 하는 것이 중요하다고 생각한다. 그 후에 토의에 있어서의 왕성한 열정이 쇠하기 시작하면, 교수는 여러 학생들의 의견을 종합하여 지금까지 들었던 말들을 요약하거나, 온라인 상에서 학생들이 스스로 토의의 줄거리나 흐름을 엮어 나가게 된다(Patenaude, 1999).

학생들이 배우는 것은 분명 결과(정보)가 아니라 그 과정이다. 특히 아이디어를 제시하는 것, 학생들에게 그 아이디어에 대해 비평을 하거나 더 심층적으로 전개시켜 나가는 것, 동료 토의의 관점에서 아이디어를 재형성하거나 그것을 단념할 수 있는 기회를 얻는 것과 같은 창의적이고 인지적인 과정. 학습은 능동적인 것이 되어야 할 뿐만 아니라 상호작용적이 되어야 한다. 이 과정에서 학생들은 지식을 유포하는 것보다도 지식을 구성하는 데 더 많은 관여를 하게 된다.

학생들이 토의의 리더가 될 것을 요구하라

해당 학기의 후반부에 시도할 만한 좋은 교육활동은 교수가 질문하는 대신에, 학생들이 직접 토의 질문을 개발해내는 것을 요구하는 일이다. 예를 들면 교수는 학생들에게 자신이 읽고 있는 작품의 저자가 그 수업에 방문하여 학생들에게 해답을 얻고자하는 질문이 무엇인지를 물어볼 것을 상상해보라고 말할 수 있다. 학생들에게 비판적으로 글을 읽고, 누락된 부분과 입증되지 않은 가정 등을 찾아내게 해야 한다(Brookfield & Preskill, 1999). 이 활동은 온라인 상에서 매우 유익하다.

학생들이 해당 문장을 완성하도록 하라

문장을 완성하는 활동은 토의를 고무시키는 또 다른 한 가지 방법이다. 예를 들면, "우리가 읽고 있는 이 책에 대하여 내가 가장 주의를 기울이고 있는 부분은 ____________________ 이다"와 같은 문장으로 토의를 시작할 수 있다. 학생들(개인별 또는 집단별 연구 모두 가능)이 자신이 완성시킨 문장을 게시하면, 학생들은 그들이 관심을 가졌던 답변에 대하여 서로에게 질문을 함으로써 토의를 시작할 준비를 한다 (Brookfield & Preskill, 1999).

'악마의 주장법' 놀이하기

여러 가지 토의식 교수-학습의 일반적 유형들은 온라인 상에 적용가능하다. '악마의 주장법(Devil's Advocate)'은 제시된 안(案)의 약점이나 단점을 토의하는 방법이다. 악마의 주장법은 학생들이 다양한 관점에서 어떤 대상을 고찰해보고, 한 가지 견해를 논증하거나 구체화시키는 방법을 학습하는 데 도움을 준다. 학생들이 어떤 견해를 입증할 수 있게 하는 유용한 기법 중 한 가지는, 읽은 내용들 중에서 중요한 부분들을 예증하거나 제시된 의견을 확인하거나 도전하기 위하여 적절한 인용자료를 찾아내도록 요구하는 것이다.

온라인 상에서 침묵을 지키고 있는 학생들에게 다가가서 용기를 불어넣어 준다

온라인 상에서 학생이 여전히 참여하지 않고 침묵을 지키고 있다면, 성가시게 잔소리를 하는 것 대신에 전자 우편이나 전화를 한다거나 아니면 직접 만나서 친숙해지도록 애쓴다. 학생들은 다양한 학습 스타일을 가지고 있기 때문에 편안함을 느끼는 활동과 속도가 다양할 수 있다는 사실을 기억해야 한다. 뿐만 아니라 여러 번 참여한 학생들은 더 빨리 편안함을 느끼고 적응을 하며, 처음 원격 수업에 참여해보는 학생들에게 도움을 줄 수도 있고 위협을 가할 수도 있다. 특히 특정 학생이나 한 동안 침묵을 지키고 있는 학생들에게 무차별적 비난을 가하는 것을 자제한다. 왜냐하면 일부 학생들은 온라인 상에서 교수가 자신들에게 요구를 하고 있다는 사실조차 모르고 있을 수도 있기 때문이다.

교수가 전자 우편을 보내고 열정적인 통화도 몇 번하고 난 후에도, 몇몇 학생들은 여전히 주저하면서 거의 토의에 참여하지 않을 수도 있다. Fisher(2001)는 온라인 상에서 침묵을 지키는 학생들이 참여하도록 하기 위해 교수들이 많은 노력을 계속해야 한다고 주장한 바 있다.

온라인 토의 참여율의 변동

온라인 토의에 대한 참여율은 학기 중 특정 시점에서 떨어지고 높아지는 탄력성을 보인다

온라인 토의에 대한 참여율이 학기 중 특정 시점에서 떨어진다고 해도 걱정하지 않아도 된다. 대개 온라인 참여율의 변동이 일반적이다.

학기 중에 온라인 토의 참여율은 휴일이나 중간고사 때 낮아진다

휴일과 중간고사 기간에는 온라인 토의가 거의 이루어지지 않는다. 온라인 토의 참여율의 급격한 하락은 대개 강의 전반부에서 대략 2/3 시점에 발생한다. 초기에 학생들은 많은 열의를 가지고 새로운 환경에 대하여 많은 호기심을 가지고 있으므로 높은 참여율을 유지하게 된다. 하지만 점차 이러한 방식으로 의사소통하는 일에 익숙해져서 학기 진행 2/3 시점에 토의 참여 학생들의 인원이 급격히 감소된다.

토의 시간을 기간을 따로 정해두고 토의하게 해도 마감 시간이 되어서야 참여율이 높아진다

교수들이 미리 일정한 토의 시간을 정해 두어도 비동시적 토론에서 학생들은 초반부에 토의하지 않는다. 예를 들면 1주일간의 기간을 정해 두고 토의를 하도록 했다면 마지막 토의 마감 1일 전부터 마감시간까지 토의가 폭주하는 것이 일반적이다.

온라인 토의에서 답변 게시 방식

토의 게시판에 답변을 게시한 방식이 토의에 대한 참여를 방해하는가? 물론 이것은 이용되는 소프트웨어 프로그램에 달려있겠지만, 연대기적인 순서대로 답변을 배치한다거나 반대로 별 다른 순서 없이 줄거리별로 토의를 레이아웃 하는 것은 잠재적으로 어떤 혼란을 야기할 수 있다. 학생들이 한동안 로그인을 하지 않았다가 이제 막 엄청난 수의 새로운 답변들을 접하게 되는 상황에서, 이 학생들이 그 답변들을 모두 읽어보지 않는 것은 실질적으로 바람직하지 않다.

토의 글의 표제를 달아준다

내용을 포함하여 반영하는 몇 마디 말로 메시지의 표제를 써준다. 이것은 읽을 학생이나 교수가 쉽고 명료하게 참조할 수 있도록 해준다.

토의한 내용의 간략한 개요를 제시해 준다

교수가 참고하고 있는 어느 답변, 또는 답변의 어떠한 부분임을 명확하게 나타낼 때, 다른 사람의 의견을 제시할 때 등 간략한 개요를 붙여준다. 하나의 새로운 답변으로서 그 글만을 따로 읽을 때 그것은 거의 이해가 되지 않고 따로 고립될 수 있기 때문에, 되도록이면 "네, 그 말이 맞아요!"와 같은 글을 게시하지 않는 편이 좋다. 이보다는 "그렇습니다. 박정수군은 직장에서의 윤리가 무너지고 있다고 말씀하셨을 때, 저는 그 말에 동의합니다. 치열하면서도 경쟁적인 음모가 엄청나게 증가되고 있는 것을 저도 보았기 때문이죠"와 같은 형식으로 답변을 나타낸다.

하나의 토의 메시지 별로 한 가지 주제를 게시한다

새로운 공개 토론회를 개시할 때, 한 가지 메시지 내에서 많은 질문을 하지 말고, 각 질문에 대하여 각각의 개별적인 메시지를 게시한다. 예를 들어 만약 교수들이 게시된

글 하나에 대해서 각각 모두 3가지 질문을 한다면, 학생들은 그에 따른 답을 제시해야 할 것이므로, 그 답변은 매우 길어질 것이다. 여러 개의 토의 메시지가 누적되면 학생들이 읽는 것 자체를 미루게 되며, 다른 토론글을 읽지 않고 이루어지는 온라인 토의도 역시 도움이 되지 않는다.

'검색' 기능으로 쉽게 나오는 주제를 피한다

많은 소프트웨어 프로그램들은 검색 기능을 가지고 있다. 검색 기능으로 특정한 인명이나 키워드, 또는 어구를 검색할 수 있다. 학생들의 표절이나 커닝을 막고 싶으면 검색 기능으로 쉽게 나오는 내용은 요구하지 않는다.

토의를 위한 주요 웹사이트

민족사관고등학교 토론교육연구소 http://debate.minjok.hs.kr

민족사관고등학교 백춘현 선생님이 운영하는 토론교육연구소이다.

원탁토론 http://www.wontak21.or.kr

어린 초등학생부터 대학생까지 대상으로 토론 교육을 하는 웹사이트이다.

전국 대학생 토론대회 http://www.kcanet.or.kr/Debate

대학생들이 자유롭게 참여할 수 있는 토론대회이다.

MBC 100분토론 http://www.imbc.com/broad/tv.culture/toron/index.html

핫이슈 http://www.hotissue.co.kr

대립구조로 인한 핫이슈를 통해 세미나를 진행하는 사이트이다.

전국 대학 국회식 토론 대회 http://www.speechndebate.com/assembly/sub3.html

국회식 토론을 사용하는 대회이다.

KBS 열린 토론 http://www.kbs.co.kr/radio/1radio/kbsopen

소피의 세계 http://www.sophie.co.kr/jujae/jujae.htm

철학적 주제를 모아놓은 사이트이다.

시사토론 http://cafe.daum.net/sisa1052

다음 시사토론 카페이다. 쟁점토론 · 찬반토론에 참가할 수 있다.

외국 사이트

- http://www.ercim.org/publication/Ercim_News/enw33/mckendree.html
- http://www.scre.ac.uk/spotlight/spotlight4.html
- http://www.indiaeducation.info/careercenter/gd.htm
- http://www.csub.edu/~ssuter/inst363/disscuss.htm

제6부

영역별 토의

교과 학습에서의 토의

교과 학습에서 토의와 토론을 왜 사용해야 하는가?

교육 현장에서 토의는 읽기나 쓰기와 마찬가지로, 그 자체를 고립적으로 가르치기보다는 교과목과 융합된 형태로 다루는 것이 권장되고 있다. 내용 영역 혹은 교과 학습 안에서 토의는 몇 가지 주요 목적을 가진다.

- 학생들이 특정 교육과정 목표로 향하도록 이끈다.
- 새로운 통찰을 촉진한다. 학생들은 토의에서 자기 자신과의 갈등, 다른 사람들과의 갈등, 교재와의 갈등 등을 통해 교과내용에 대해 새로운 접근을 할 수 있다.
- 학생들이 교과-구체적 방식으로 생각할 수 있도록 이끈다.

Harste(1993)는 교과 내용 영역을 한 사람이 하나의 이슈나 문제를 통해보는 하나의 렌즈라고 기술하고 있다. 학생들이 의학관점에서 혹은 사회과학적 관점에서 문제를 볼 수 있게 된다.

- 교과 토의에서 진실에 대한 탐구는 여러 가지 형태로 나타난다.
  - 옳은 논리, 옳은 정보
  - 옳은 논리, 틀린 정보
  - 옳은 논리, 불완전한 정보
  - 타당한 시도, 틀린 정보, 그러므로 타당하지 않은 결론

학생들을 관여시키기

교과 토의는 학생들의 학습에의 능동적 '관여(engagement)'에서 출발한다.

- 학생들이 정보를 공유하고 다른 사람과 문제를 해결할 기회를 가지게 된다는 것을 아는 것은 일부 학생들을 동기화할 수 있다. 학생들의 동기화는 관여를 촉진시킨다(Almasi & Gambrell, 1994).
- 토의는 학생들이 발견의 스릴을 경험하도록 해준다(Brumbaugh 등, Rock, 2000).

학생들이 미리 교과내용을 읽도록 준비한다

교수는 교과 토의에서 미리 참여 학생들의 배경 지식을 물어보고 교과내용을 읽도록 촉진한다.

> 선행 지식에 대한 토의를 자극하는 질문
>
> • 우리가 ____에 관해 이미 알고 있는 것은 무엇인가?
> • 우리가 ___에 대해 읽기 전에 ____을 알고 있는 것은 왜 중요하다고 생각하는가?
> • 우리가 ____에 대해 바로 배운 적이 있는가? ______은 어떤 관련성 있다고 생각하는가?
> • 이 주제에 대해 여러분이 알고 있는 바를 세 가지씩 말해주시오. 이러한 것들 중, 세 가지는 가장 중요하다. 왜?

교과 토의에 기초가 되는 어휘를 도입한다

> • 중요한 어휘를 토의하도록 질문
> • 맥락에서 단어를 보여준다. 예를 들면
> 동물은 자라고 번식하는 데 먹이가 필요하다. 그래서 동물들 사이에는 먹고 먹히는 관계가 형성된다. 우리는 이러한 관계를 <u>먹이사슬</u> 이라고 부른다.
>
> • 이 단어가 무엇을 의미한다고 생각하는가?
> • 이 단어는 ________________ 와 의미상 어떻게 다른가?
> • 우리는 이 단어를 ____________를 대체할 수 있는가? 왜 그런가? 왜 그렇지 않은가?

버즈 그룹 조성

- 교실을 3에서 5개의 집단으로 나눈다. 각 집단은 배경지식, 다양한 자신감 수준이나 다양한

읽기 능력의 학생들로 구성한다.

- 학생들은 하나의 질문에 대한 초기 생각을 토론한다.
- 5분 뒤에, 학생들이 발견한 결과와 대답하기를 원하는 어떤 질문을 보고하도록 한다 (Dynneson & Gross, 1995로부터 수정)

읽기나 쓰기 후의 토의와 토론

읽기 후 및 쓰기 후 토론(postreading and postwriting discussion)은 많은 중요한 기능을 가진다. 학생들은 아이디어를 검토하게 되고(Leal, 1993), 중요한 것과 덜 중요한 것 간을 구분 지을 수 있게 되며(Almasi, 1995), 학습한 것을 주요한 개념 속으로 종합할 수 있게 되고(Gilles, 1993; Jacque, 1993), 자신의 아이디어를 명료화하고 수정할 수 있다(Almasi, 1995; Short, 1993). 읽기나 쓰기를 한 후에 토의를 하게 되면, 학생들은 보다 깊은 의미나(Almasi, 1995; Peterson & Eeds, 1990), 고차적 사고에 도달하게 된다(Anzul, 1993; Cox & Many, 1992).

과학 영역에서의 토의

과학적 방법의 정의는 '목표를 규명한다', '가설을 세우다', '자료를 모으다', '자료를 분석하다', '결론내리다'와 관련이 높다. 과학 영역에서 주로 사용되는 행동동사들은 다음과 같다.

· 관찰하다	· 분석하다	· 도전하다	· 결론내리다
· 기술하다	· 토의하다	· 논증하다	· 일반화하다
· 비교하다	· 가설화하다	· 정당화하다	· 보고하다
· 결정하다	· 이론화하다	· 실험설계하다	
· 분류하다	· 질문하다	· 절차를 따르다	

과학 영역의 행동동사

- 과학(science), 공학(technology), 사회(society) 간의 내적 관계를 가져와서 토의한다.
- 과학과 보건 및 공학에서 미해결된 문제를 탐색한다.
- '시연(demonstrations)'을 제공한 후 토의한다. 시연에는 개념, 재료, 실험 전 토의, 실험활동, 열린 질문 등이 포함된다.

사회과학에서의 토의

- 이미 확신을 얻고 있는 관점(preconceived notions)에 도전한다.

예를 들면, 많은 사람들이 미국전쟁은 노예 때문에 일어났다고 믿는다. 그러나 그것이 사실인가? 많은 사람들이 미국이 민주주의라고 믿는다. 그러나 그것이 사실인가? 이러한 질문들은 풍부한 토의를 이끌며, 학생들은 왜 그들이 신념을 가지고 있는지에 대해 탐색하며, 어떤 정보가 자신들의 신념과 대조를 이루고 있는지를 볼 수 있게 된다.

- 현재와 미래를 알려주는 과거의 선택을 재고해 본다.

세종대왕이 초기 조선을 다스릴 때 한글을 개발한 것이 주는 교훈은 무엇인가? 한국전쟁으로 인한 남북한 단절에서 무엇을 배울 수 있는가? 한국 전쟁 때 전 세계에서 UN을 통해 남한을 지원한 것에서 무엇을 배울 수 있는가? 등을 예로 들 수 있다.

문학에서의 토의

문학(literature)에 관한 토론은 다른 내용 영역에서의 토의와 다르다. 그것은 첫째, 문학에 대한 반응을 토론하는 것(discussing responses to literature)과, 둘째 문학을 공부하는 것(studying literature)의 두 가지 독특한 목적에서 차이가 나기 때문이다.

- 문학에서의 토의 시작

학생들이 자신의 반응을 제공하고 다른 사람의 관점을 감싸 안도록 격려한다. 학생들에게 시나 소설 등의 문학작품에서 중요한 요소가 무엇인지 규명하도록 요청한다. 학생들이 저자가 가리고 보여주지 않은 구조나 은유 등의 문학적 솜씨를 주목해 낼 수 있도록 촉구하라.

의미망의 활용

의미망(semantic webbing)은 학생들이 사실을 개념으로 조직화하도록 이끈다. 어떻게 정보가 함께 모여 큰 아이디어가 될 수 있는지를 보여준다. 의미망을 활용한 방법은(Freeman & Reynolds, 1980) 첫째, 분명한 대답을 가지지 않은 질문으로 시작하고 여러 가지 다른 관점을 다룬다. 둘째, 분류에서 대답을 도출한다. 셋째, 학생들에게 각각 다른 반응을 개념적으로 연결시키도록 요구한다. 의미망은 정보의 조각을 이슈나 개념으로 이동시키는 방법이다.

수학에서의 토의

수학에서 토의를 통해 학생들이 생각하고 말하게 하는 기본 방식은 하나의 명백한 답이나 해결을 위한 과정이 나오지 않는 문제를 제시하는 것이다.

예술에서의 토의

인간 경험의 정수 면에서, 학생들은 음악, 시각 미술 등의 작업으로 개인적 연결을 완성해 낼 수 있다.

- 반응을 깊이 탐색한다.
- 예술가의 솜씨와 요소의 사용을 탐구한다.
- 문화적 및 맥락적 영향을 고려한다.

영어 토의에 활용할 수 있는 적절한 표현

국제적 모임이나 교육 네트워크 망에서는 영어로 토의를 진행해야 할 때가 있다. 영어 토의를 보다 활성화하기 위해 적절히 활용할 수 있는 적절한 표현들을 소개한다.

토의 논제를 다룰 때

- What do you think? (어떻게 생각하십니까?)
- How do you feel? (어떻게 느끼십니까?)
- Do you have any idea about the process of the discussion?
  (토의 절차에 대해 어떤 생각이라도 있습니까?)
- Could you say a bit more about that? (그에 대해 좀 더 말씀해 주겠습니까?)
- What is the point made by the author of this article?(이 논문의 저자가 말하고자 하는 요점은 무엇입니까?)
- Let's talk about…(~에 대해 이야기 합시다)
- It's a good idea to begin by talking about the process of a meeting.
  (우선 ~부터 시작하는 것이 좋겠어요)
- From now on, let's focus on…(지금부터는 ~에 초점을 맞춥시다)
- That's enough. It's time to change the topic. (그것으로 충분하니 주제를 바꿉시다).

토의 전개

- I think you've already known (~을 이미 알고 있으리라 생각합니다)
- I can reason (from…) that…(~로 미루어~을 추론할 수 있다)
- What I am really saying is that…(내가 정말로 말씀드리고자 하는 바는 ~입니다)
- I'm afraid that's not acceptable. (그것은 수용할 수 없을 것 같습니다)
- I don't think it's a good idea. (그것은 좋은 생각이라고 생각하지 않습니다)
- It's not easy to answer your question. (당신의 질문에 답하기가 쉽지 않군요)
- Please go on talking. (말을 계속하십시오).
- Let's keep up our conversation. (우리의 대화를 계속합시다).

- Please go ahead. (계속하십시오)
- Let's go back to…(~의 이야기로 돌아갑시다)
- We'd better take up an earlier point. (이전의 요지를 상기하는 것이 좋겠어요)

의견 전달

- In my opinion(view) ~ (내 관점에서는 ~입니다)
- As far as I see …(내가 아는 한 …입니다)
- I'll leave it to your judgement. (당신의 판단에 맡기겠습니다)
- In addition to this problem, there is something we have to work ou. (이 문제 외에도, 우리가 해결해야 할 일이 있습니다)
- There is one more thing to say. (한 가지 더 할 말이 있는데요).
- Your explanation is sufficiently convincing. (당신의 설명은 충분히 납득이 됩니다)
- It need further explanation. (더 설명이 필요합니다)
- That doesn't make sense to me. (그것은 나에게 납득이 가지 않는군요)

사실과 왜곡

- Please make a statement based on reality. (사실을 근거로 진술해 주시기를 바랍니다)
- We have to reveal the truth about the matter (우리는 그 문제에 대해 사실을 밝혀야 합니다)
- I think the fact is distorted… (사실이 왜곡되었다고 생각합니다)
- Where did you find that view expressed in the text? (그 표현은 교재의 어느 부분에 있습니까?)
- How do you know that? (어떻게 알았는지 궁금합니다.)
- What data is that claim based on? (근거하고 있는 자료는 무엇입니까?)
- What does the author say that supports your argument? (주장하고 있는 바를 책의 저자는 어떻게 말하고 있습니까?)
- What evidence would you give to someone who doubted your interpretation? (어떤 증거를 대어 주시겠습니까?)

선 택

- Please make a good choice. (잘 선택하시기 바랍니다)
- Please pick up what you think is right. (타당하다고 생각하는 것을 선택하십시오)
- It' up to you. (그것은 너에게 달려 있어)
- I have no other choice. (나는 선택의 여지가 없습니다)
- We have no alternative choice but to… (…하는 것 이외에는 다른 선택의 여지가 없습니다)
- There are two ways of… (…에 대해 두 개의 선택의 방법이 있습니다)
- Which way is better? (어느 방법이 더 좋을까요?)

결 정

- That's already settled(fixed). (그것은 이미 결정되었습니다)
- Let's settle on… (…으로 결정합시다)
- It's the final decision. (그것이 최종 결정안입니다)

다른 말로 바꾸고자 할 때

- In other words, …(바꾸어 말하면…)
- That is (to say) , …(즉)
- This means that …(이것은 …를 의미하는 것입니다)
- By the way, … (그런데)…
- Come to think of …(을 생각해 볼 때)
- Please calm down. (진정하세요)
- Can you put that another way? (다른 방식으로 말씀해 주실까요?)

질 문

- Are there any questions what we have done so far? (지금까지 내용에 질문 있나요?)
- What do you think about··· (···에 대해 어떻게 생각합니까?)
- How can we···? (···우리가 어떻게 할 수 있을까요?)
- What's the difference between··· (···의 차이점은 무엇입니까?)
- Could someone give another example of···? (···다른 예를 들어 주실 분?)
- What's a good example of what you are talking about? (당신이 말하는 것의 좋은 예는 무엇입니까?)
- May I ask a question··· (···질문해도 될까요?)
- Would you give me a straight? (요점을 말해주시겠습니까?)
- So, what's your point? (그런데, 무엇을 말하고 싶나요?)
- Is there another way to···? (···할 수 있는 또 다른 방법이 있습니까?)
- What's the best way to improve the quality of education ? (교육의 질을 개선하는데 무엇이 가장 좋은 방법일까요?)
- What is neccessary to achieve this? (이것을 성취하기 위해서는 무엇이 필요할까요?)
- What do you mean? (무슨 말씀이죠?)
- Execuse me. What does that mean? (실례합니다만 ···은 무슨 뜻이지요?)
- Do you mean (that)···? ···을 말하는 것입니까?
- Are you suggesting that···? (···을 뜻하는 것입니까?)
- Are we all agreed on that point? (그 점에 대해 완전히 동의하나요?)
- Would you come again, please? (좀 더 자세히 말씀해주시겠습니까?)
- Can you explain the term you just used? (방금 사용한 용어를 설명해 주시겠습니까?)

정중하게 끼어들 때

- May I add something here? (제가 좀 더 말할까요?)
- Let me interrupt for a minute··· (···제가 잠시 끼어들겠습니다)
- That reminds of··· (그것은 ···을 떠올리는군요)
- What you just said is very interesting, and also that raises the next issue of··· (방금 말한 것은 흥미롭습니다. 또한 그것은 ···에 대한 다음 이슈를 제안해 주는군요)
- I think your statement is out of the point. (당신의 진술은 요점을 벗어났다고 생각합니다)
- Cut it out please. (그 얘기는 이제 그만하십시오)

적절하게 대답할 때

- I agree with you on that point. (그것에 대해서는 동의합니다)
- You may be right. (당신이 옳을지도 모릅니다)
- It's quite a good idea. (그것은 아주 좋은 생각입니다)
- I think so. (나도 그렇게 생각합니다)
- I understand what you mean. (당신이 말하는 바를 이해합니다)
- That's a good idea. (그것은 좋은 생각입니다)
- It sounds good [reasonable]. (좋은 것(타당한 것) 같습니다)
- The answer is a little difficult to understand.(답변이 이해가 좀 어렵습니다)
- Thank you for giving an affirmative answer. (긍정적인 답을 주신 것에 대해 감사드립니다)
- My feeling is that……(나의 느낌으로 …라는 생각이 듭니다).

의견을 이해하지 못하는 경우

- "You said that … What do you mean by that? Can you say it in a different way?" (당신이 말한 것은 …이군요. 그것은 어떤 의미지요? 다른 방식으로 말해줄 수 있나요?)
- "I don't understand how you came to that conculsion. Can you tell me your reasoning?" (당신이 어떻게 그 결론에 도달하게 되었는지 이해하기 힘듭니다. 말씀해 주시겠습니까?)
- I couldn't catch your meaning. (무슨 뜻인지 모르겠습니다)
- What you're saying is beyond my understanding(무슨 말씀하시는지 모르겠습니다)
- I think you made an ambiguous statement. (당신은 애매한 진술을 했다고 생각합니다)
- I'm sorry, but I didn't get what you said. (죄송합니다만, 무슨 말인지 이하지 못했습니다)
- I didn't catch what you said. (뭐라고 말씀하셨는지 알아듣지 못했습니다)
- My opinion is different from yours. (나의 생각을 다릅니다)

논의가 보다 더 필요한 경우나 재고를 요구할 때

- We have to talk a little more…(…좀 더 논의할 필요가 있습니다)
- Let's have time to consider…(…을 생각할 시간을 갖도록 합시다)
- We need more time to think about it. (그것에 대해 좀 더 생각할 시간이 필요해요)
- Let's make it some other time (다음에 다시 합시다)
- I hope this won't be the last. (이것이 마지막이 아니기를 바랍니다)
- I regret … (…에 대해 유감입니다)
- That's a misunderstanding on your part. (그것은 당신의 오해입니다)
- That's different from what I said. (그것은 내가 말했던 것과 다릅니다)
- Could you give a different illustration of your point? (의견을 설명하는 다른 예를 들어 주시겠습니까?)
- Is there any connection between what you've just said and what author was saying? (방금 말씀하신 것과 저자가 말했던 것 간에 연계성이 있습니까?)

부정이나 반대를 표현하는 경우

- No. Not at all (아니요. 전혀 그렇지 않습니다)
- Not necessarily(반드시 그런 것은 아닙니다)
- I don't think so. (나는 그렇게 생각하지 않습니다)
- I have a different opinion about it. (나는 그것에 대해 의견이 다릅니다)
- But on the other hand, … (그러나 다른 한편으로 …이 있습니다)
- Is there any reason for your denying the fact? (그 사실을 부인하는 어떤 이유라도 있습니까?)
- It's not appropriate occasion to discuss the matter. (그 문제를 토의하기에 적절하지 않습니다)

정 리

- To sum up··· (···을 요약하면···)
- Do you have anything to comment? (당신이 코멘트할 것 있나요?)
- Let's discuss the issue on another occasion. (다음 기회에 그 건에 대해 토의합시다)
- Let's come back to this point later. (이 점에 대해 다음에 다시 토의합시다)
- I have nothing further to say. (더 이상 드릴 말씀이 없습니다)
- It' time to wrap up. (이제 끝마칠 시간입니다.)
- Thank you for your active discussion.(이제 끝마칠 시간입니다)

제7부

세미나 교육

세미나 교육의 의미

교육장면에서 세미나(Seminar)는 주로 구체적인 주제에 대한 아이디어를 교환하고 토론할 수 있는 교수와 학생의 회합을 의미한다(Unger, 2001). 일반적으로 세미나는 아이디어를 교환하는 만남 혹은 진보된 학생들에게 소집단으로 제공되는 교과과정이라는 의미로 사용된다. 세미나는 일방적인 강의식 수업과 달리 특정 주제에 대해 집중적인 탐구와 활발한 토론이 가능하므로 중등학교 및 대학과 대학원 수준에서 적절한 교육방법으로 제안되어 왔다.

세미나의 어원(語源)은 라틴어의 'semen' 혹은 'seed'를 포함하는 'Seminarium'이다. 이 말은 원래 묘상(苗床)이라는 뜻이었으나, 동물의 새끼 등을 사육하는 데 적합한 축사라는 의미로 사용되다가 독일 · 영국 · 미국 등의 대학에서 고도의 독창적인 연구를 위하여 한 명의 교수를 중심으로 짜여진 연구학생 그룹을 가리키게 되었으며, 세미나에 속해 있는 학생은 세미나리스트(seminar-list)라고 불렀다. 그 후 세미나는 이들 그룹이 추구하는 과정(課程) 또는 그것을 위한 집회의 의미가 되어 현재는 일반화되었다. 사실 'seminary'는 그 이름자로 seedbed of knowledge라는 의미이다.

세미나라는 용어는 신학교(theological schools)에서는 배타적인 의미로 언급되었지만, 서양의 여러 나라에서는 묘상의 의미에 근거하여 양성소(養成所), 특히 교원양성소 · 목사양성소 · 전문가양성소 등의 의미로 쓰였다. 또, 독일에서는 본래의 의미와 대학에서의 연습의 의미를 종합한 것으로서 실습학교를 부설한 교육연구소의 의미로도 널리 사용되고 있다.

유럽에서는 1800년도 전후로 독일을 중심으로 대학의 교수들이나 강사들이 자신들의 수업 시간에 세미나를 도입하였다. 현대적인 역사학자로 유명한 Leopold Ranke는 그의 역사 시간에 최초로 세미나를 도입하였다. 그의 세미나 방법은 이후에 영국과 미국으로 전해져서 현재 대부분의 대학에서의 대표적인 수업 방식으로 사용되고 있다. Ranke이후 역사학 분야를 제외한 다른 분야에서의 세미나의 도입은 독일의 Heinrich Magnus가 1834년 베를린 대학에서 화학 강의를 맡았을 때, 비역사 부분에서 세미나를 수업에 도입을 하였다.

미국에서는 1869년 미시간 대학(University of Michigan)에 세미나가 처음 출현하였으며, 하버드(Harvard) 대학교, 죤스 홉킨스(Johns Hopkins) 대학교, 클락(Clark Universities) 대학교가 19세기 말부터 채택하였다(Unger, 2001). 특히, 유럽의 세미나 방식은 Herbert Adams가 존스 홉킨스 대학의 교수로 강의를 하면서 1880년에 그의 역사 수업 시간에 도입 · 활용하게 되면서 미국 대학에서의 일상적인 수업이나 연구 방식으로 자리를 잡게 되었다.

대학과 대학원에서 세미나가 주로 활용되고 있으며 중등학교에서도 그 활용요구가 점차적으로 증대되고 있다. 실지로 구미의 명문사립 고등학교는 상당수의 과목을 세미나 방식으로 운영하고 있다. 대학 수준의 세미나에서는 독창적인 연구를 행하는 학생들이 자신들의 연구결과와 결론을 비교 · 교환하고, 토론할 수 있으며 교수는 적절한 조절자로서 역할을 하거나 전체 그룹에 의한 주제에 대해 보다 깊이 이해하기 위해 질문을 제시하고 토론을 촉진시킬 수 있다(Unger, 2001). 미국의 많은 대학에서는 대학생들의 세미나 교육의 중요성을 깨닫고 이미 수십 년 전부터 1학년생을 위한 'Freshman Seminar', 'Freshman Advising Seminar', 'Freshman Interest Group' 등을 운영하고 있으며 1-4학년생이 참여할 수 있는 'Undergraduate Seminar', 'Field Seminar', 'Research Seminar', 'Senior Seminar', 'Junior Seminar' 등의 교과목을 개설하고 있다.

최근 세미나 교육은 인문사회계열 뿐만 아니라 자연과학이나 공학 계열의 학문분야에서도 일반적으로 찾아볼 수 있는 교육과정이 되고 있다. 예를 들면, 공학교육의 세계적인 대표주자라고 할 수 있는 M I T에서도 주제나 학습방법 면에서 매우 다양한 일반 Seminar 강좌를 개설하여 소그룹토론, 현장학습, 실용적 학습 등이 가능하도록 진행하고 있다.

세미나는 교수, 강사, 혹은 튜터(tutor: 주로 석박사과정생)가 논제(topic)에 대하여 토론하는 소그룹의 강좌코스이다. 사전에 토론하는 논제를 알려주며 교수는 미리 몇 명의 학생들에게 지시하여 토론에 앞서 짧은 프레젠테이션을 준비시킨다. 세미나에서는 학생들에게 자주 토론하는 기회를 줌으로써 교사나 학생들 간의 서로 다른 의견을 표현하도록 한다. 학생들이 정답(correct answer)을 말하는 것이 아니라, 논제에 대한 다른 의견을 이해하고 그에 따른 장점이나 취할 부분을 통해 결론을 내리도록 하는 것이다. 이 과정에서 학생들은 논제를 비판적으로 사고할 수 있는 방법을 쉽게 배울 수 있다.

이에 반해 강의(lecture)에서는 교수나 강사가 과목내용에 대해 설명하고 학생들은 노트정리를 하는 것으로 수업이 이루어진다. 대형 강의의 경우 한 강의에 100명이 넘는 학생들이 수강하기도 한다. 대개 강의시간에는 질문하는 기회가 적거나 거의 없다. 강의는 학생들에게 논제의 주요 포인트를 설명해 주고, 교과교재를 이해할 수 있도록 돕는다.

주로 현행 대학교육에서 이루어지고 있는 세미나 교육의 특징은 자기-교육과정(self-education process)이다. 교수의 일방적인 강의가 아니라, 교수와 학생이 함께 읽을 책들과 주제 항목들을 정하고 교수는 그 책들과 주제에 접근하는 방법들에 대해 어드바이스를 해주며, 각 내용을 요약해주거나, 세미나 강좌 시간에 토의와 토론을 통한 논쟁(arguments)이 이루어지도록 이끈다.

오늘날에 와서 세미나 교육의 주제는 학문계열에 국한되지 않고 변화하는 학문적 분화과정에 맞추어 다양해지고, 학습방법도 소그룹 토의에서부터 프레젠테이션, 과제물 비평 등과 같이 여러 가지 학습방법이 제안되고 있다. 또한, 세미나 교육에서는 이론적 논의와 실제적인 실험적 학습법까지 아울러 추구되고 있다.

세미나 교육 목표

토의와 토론이 이루어지는 대학 교수-학습의 전형인 세미나 교육의 일반적인 목표는 다음과 같다

- 학교 내에서의 교육적 삶을 풍요롭게 할 수 있다.
- 학교의 체계적 세미나 교육과정 개발 및 적용을 통한 대학 자체의 교육과정 질을 제고할 수 있다.
- 학교를 학문적 진리탐구의 장으로 구현할 수 있다.
- 학생들의 지적 욕구를 충족시킬 수 있다.
- 소규모 학습 그룹을 구성하여 운영할 수 있다.
- 학생들의 학교 공부에 대한 흥미를 유발할 수 있다.
- 학생들이 흥미를 가지는 주제에 대한 교육과정을 개발할 수 있다.
- 학생들의 적극적인 학습 동기와 참여율을 높일 수 있다.
- 교수와 또래 학생들 간의 상호작용과 협동학습을 증진시킬 수 있다.
- 교수진과 학생들과의 학문적 유대감 및 공동체 의식을 조성할 수 있다.
- 탐구 학습을 수행할 수 있다.
- 학생들의 다양하고 깊은 학문적 경험에 도움을 제공할 수 있다.
- 정규 교육과정의 구조 및 틀 내에서 실현 불가능한 인문학, 예술, 및 과학 분야의 실험적이고 혁신적인 내용을 교육내용으로 구현할 수 있다.
- 인문학과 자연과학의 교수진들이 협력하여 학생들을 위한 교과목을 개발 할 수 있다.
- 전공 학문분야에 대한 다양한 시각을 확보할 수 있는 기회를 제공할 수 있다.
- 학생들의 선호도에 따른 교양 및 전공 교육과정을 운영할 수 있다.
- 복수전공이나 부전공생의 증가와 같은 대학 전공생의 성격변화를 감안한 다양한 교수-학습법을 구사할 수 있다.
- 학생들이 적극적 지식구성 과정에 참여할 수 있다.

- 학생들의 고차적인 사고력을 개발할 수 있다.
- 조직적이고 논리적인 학습과 연구능력을 개발할 수 있다.
- 학생들의 학문적 및 커뮤니케이션 능력 개발, 다양한 관점에서 동일한 주제에 대해 생각해 보고 아이디어를 교환하며 토론해 볼 수 있는 기회를 제공할 수 있다.
- 기타 분석적인 보고서 작성 능력 개발, 난이도 있는 글을 읽는 방법, 논쟁하기, 타인의 의견 듣기 기술 훈련, 프레젠테이션 능력 신장 및 현장 및 실제적 문제해결 기술 습득이 가능하다.

세계 각국 대학의 세미나 교육 성공 사례

대학에서의 세미나(Seminar) 교육은 실로 다양한 형태로 발전되어 왔다. 학문의 하위과목별 Seminar 이외에도 신입생을 위한 세미나인 'Freshman Seminar', 'Freshman Advising Seminar', 'Freshman Interest Group'과 일반 및 전공생들을 위한 'Collegiate Seminar', 'House Seminar', 'General Seminar', 'Undergraduate Seminar', 'Field Seminar', 'Research Seminar', 'Senior Seminar', 'Sophomore Seminar', 'Junior Seminar' 등의 각기 다른 형식의 Seminar가 대학의 형식적 교육과정에서 출현하고 있다.

대학 신입생을 위한 세미나 교육

'신입생 세미나(freshman seminar)', '신입생 콜로퀴엄(freshman colloquium)', '교양 세미나' 등은 대학 신입생을 위한 세미나 교육이다. 전 세계적 조사에 따르면 고등교육기관의 약 70%가 대학 초기에 특별한 강좌를 제공하고 있다(University of South Carolina, 1998; National Resource Center for the Freshman Year Experience, 1992). 신입생을 위한 이들 강좌들은 대학에서의 성공을 위해 필수적인 쓰기, 읽기, 추론, 공부 방법에 중점을 두고, 또한 뒤떨어질 위험에 처한 학생들이 할 행동들을 지시해준다. 이들 강좌들은 지원 그룹을 형성하고, 학생들이 대학 공부의 어려움을 대비하는 데 도움을 준다.

신입생들에게 교양교육을 강조해야 하는 이유는 대학교육의 목표가 고등 민주시민을 육성하는 것이기 때문이다. 교양 교육을 통해서 신입생들은 폭넓은 학문분야에 대한 교육을 제공받고, 이를 토대로 전공의 기초교육을 받음으로써 고등 민주시민으로서의 자질을 함양하게 된다. 신입생들에게 교양교육은 대학생활과 학업의 기초적인 역할을 하고 있다. 교육대학교 학생들의 사회성과 창의성, 비판능력을 함양시키고자 신입생을 위한 교양기초교육을 실시하고 있다. 교양교육의 목표는 더불어 살 수 있는 사회적 능력, 학문 간의 응용력, 자신의 전공을 우리 사회의 문화적 토양에 접목시킬 수 있는 실천능력을 배양하여, 정보화, 세계화 등 사회 변화에 대처해 나갈 수 있는 적응 능력을 함양시키려는 것이다. 특히 신입생 세미나 혹은 교양 세미나의 융통성 있는 적용은 대학의 교양교육과정의 다양성을 넓히고 하나의 주제를 심화시켜 공부할 수 있도록 돕는다. 신입생 세미나 혹은 교양 세미나를 통해 신입생들이 토론, 현장학습, '적은 수강인원', '현장학습 기회' 등의 다양한 수업방식을 통하여 관심 있는 주제에 접근하는 것이 가능하다.

하버드 대학교의 경우, 2004~2005년에 개설된 신입생 세미나(Freshman Seminar)가 119개 강좌이며, 프린스턴 대학교, UCLA 등의 명문대에서는 모두 교양 세미나 강좌를 개설하고 있다. 우리나라의 경우에도 교수와 신입생이 대학생활과 진로에 대하여 자유롭게 의견을 나누고 전공에 대한 깊이 있는 탐색의 기회를 제공하고자 여러 대학에서 신입생 세미나를 열어두고 있다. 연세대학교의 경우 2002학년도 2학기부터 Freshman Seminar 강좌를 개설하여 운영하고 있으며 2004년도에 68개 강좌가 개설되어 있다. '우리나라와 중국의 고대 유물 · 박물관 탐사', '경제로 만나는 세상', '문화생산자로 살기', '실크로드: 역사체험과 지역연구' 등의 다양한 주제로 진행되고 있다. Freshman Seminar를 수강하는 학생들을 대상으로 강의 만족도를 조사하였을 때 전체 690명의 수강생 가운데 101명이 응답한 결과, '매우만족'이 53.5%, '만족'이 29.7%로 전체의 83.2%의 학생들이 만족하는 것으로 나타났다. 서울대학교도 2004학년도에 와서 신입생 세미나를 개설하였다. 계명대학교에서도 신입생을 위한 교양세미나 과정을 특별 운영하고 있으며 학생들의 호응도도 높다. 2006학년도부터는 자율전공부 신입생을 대상으로 한 아카데믹 세미나(academic seminor)를 운영하여 신입생 세미나 교육을 활성화하였다.

하버드 대학교 신입생 세미나(freshman seminars) 교육과정의 종류 소개(2004~2005년)

(1) Freshman Seminar 21j. Human Evolution
(2) Freshman Seminar 21o. The Neurophysiology of Visual Perception
(3) Freshman Seminar 21s. Germs
(4) Freshman Seminar 21u. Calculating Pi
(5) Freshman Seminar 21w. Research at the Harvard Forest
(6) Freshman Seminar 21x. Galaxies and the Universe

(7) Freshman Seminar 22e. Molecular Motors and Pumps

(8) Freshman Seminar 22j. Seeing by Spectroscopy

(9) Freshman Seminar 22k. Can Machines Think? The Turing Test and the Possibility of Natural-Language Interaction with Computers

(10) Freshman Seminar 22n. Addiction

(11) Freshman Seminar 22u. The Genome and Society

(12) Freshman Seminar 22x. Bioluminescence

(13) Freshman Seminar 22z. Quantitative Methods in Public Policy Decisions

(14) Freshman Seminar 23g. Darwin's Finches

(15) Freshman Seminar 23j. Chess and Mathematics

(16) Freshman Seminar 23k. Writing the Narrative of Illness

(17) Freshman Seminar 23p. When Antibiotics Fail: From Sore Throats to Tuberculosis to Anthrax

(18) Freshman Seminar 23s. The Seven Sins of Memory

(19) Freshman Seminar 23y. Applied Microfluidics: Structure, Function, and Evolution of Trees

(20) Freshman Seminar 24e. The Physics and Applied Physics Freshman Research Laboratory

(21) Freshman Seminar 24g. Fermat's Last Theorem

(22) Freshman Seminar 24j. Planets Around Other Stars

(23) Freshman Seminar 24k. Building a Scanning Tunneling Microscope

(24) Freshman Seminar 24n. Child Health in America

(25) Freshman Seminar 24p. How Epidemics Happen

(26) Freshman Seminar 24s. AIDS in the Caribbean

(27) Freshman Seminar 24t. Water on Mars

(28) Freshman Seminar 24u. The Science of Everyday Life

(29) Freshman Seminar 24w. Health and the Poor: Analytic Tools for Decision Makers

(30) Freshman Seminar 24x. Global Mental Health

(31) Freshman Seminar 24y. Pharmaceuticals and Global Health

(32) Freshman Seminar 24z. The Hidden Universe: Dark Matter, Dark Energy, and Extra Dimensions

(33) Freshman Seminar 32n. Renewal of Poetry in the Hispanic World: Vallejo, Huidobro, Neruda, and Paz

(34) Freshman Seminar 32p. Charles Dickens

(35) Freshman Seminar 32w. African Musical Traditions

(36) Freshman Seminar 32x. Topics in Indo-Tibetan Buddhism

(37) Freshman Seminar 32y. Goethe's Faust

(38) Freshman Seminar 33s. Rebellion, Violence, and Symbols of Grace: Religious Themes in American Literature

(39) Freshman Seminar 33x. Complexity in Works of Art: Ulysses and Hamlet

(40) Freshman Seminar 34g. Saint Peter's and the Vatican from Antiquity to the Baroque

(41) Freshman Seminar 34p. Literature and the Possibility of Justice

(42) Freshman Seminar 34w. American Biography

(43) Freshman Seminar 34x. Language and Prehistory

(44) Freshman Seminar 35g. Jean-Jacques Rousseau

(45) Freshman Seminar 35w. Language, Sex, and Culture

(46) Freshman Seminar 36g. The Grail and the Rise of Fiction

(47) Freshman Seminar 36n. Portrait of the Artist: Issues of Biography and Art History

(48) Freshman Seminar 36p. Film and Autobiography

(49) Freshman Seminar 36s. Provocative Truths: The Role of the Fool in European Drama

(50) Freshman Seminar 36w. Tribal Memories: Myth, Epic, and History

(51) Freshman Seminar 36z. Utopia and Anti-Utopia

(52) Freshman Seminar 37g. The Simple Art of Murder

(53) Freshman Seminar 37p. Reading Tolstoy's War and Peace

(54) Freshman Seminar 37s. Jews in Central European Literature in the 20th Century

(55) Freshman Seminar 37t. Poems, Films, States of Mind

(56) Freshman Seminar 37u. Bob Dylan

(57) Freshman Seminar 37w. Becoming J.R.R. Tolkien: Life and Medieval Sources

(58) Freshman Seminar 37x. The Poetry of Emily Dickinson

(59) Freshman Seminar 37y. Muslim Voices in Contemporary World Literatures

(60) Freshman Seminar 37z. The Moral Virtues: Socrates and His Critics

(61) Freshman Seminar 38e. Madness and the Creative Imagination: Literary and Biomedical Perspectives

(62) Freshman Seminar 38g. Lost Languages and Decipherment

(63) Freshman Seminar 38j. Medicine and Literature

(64) Freshman Seminar 38k. The Road to Zion

(65) Freshman Seminar 38n. Three Modern Jewish Writers

(66) Freshman Seminar 38p. The Idea of a University
(67) Freshman Seminar 38s. What Are Poets For? Poetry and Its Function
(68) Freshman Seminar 38t. Beethoven's String Quartets
(69) Freshman Seminar 38u. Wrongdoing in Russian Literature
(70) Freshman Seminar 38w. Balladeering, 1750-2004: Poetry, Culture, Ethnography, History
(71) Freshman Seminar 38x. Versions of Pastoral: Love, Politics, and Nature
(72) Freshman Seminar 38y. Painting and Painters
(73) Freshman Seminar 38z. Vampires and the Cultural Construction of Undeath
(74) Freshman Seminar 44g. Public Policy Approaches to Global Climate Change
(75) Freshman Seminar 44j. The Aztecs and Maya
(76) Freshman Seminar 44k. A History of Zoos
(77) Freshman Seminar 44p. Contemporary India: Fact and Fiction
(78) Freshman Seminar 44w. Health and Inequality
(79) Freshman Seminar 46g. Changing Conceptions of Leadership
(80) Freshman Seminar 46j. Science, Technology, and the Good Society
(81) Freshman Seminar 46p. Human Rights
(82) Freshman Seminar 46s. The Idea of Crime
(83) Freshman Seminar 46u. The Northern Side of the Civil Rights Movement
(84) Freshman Seminar 46w. Affirmative Action at Work
(85) Freshman Seminar 46x. Religion, Liberalism, and Democracy
(86) Freshman Seminar 46y. An Orwellian World: George Orwell and the Twentieth Century
(87) Freshman Seminar 46z. Islam and Modernity
(88) Freshman Seminar 47e. The Politics of Love and Friendship: The Sources of Human Affiliation in the Family, Society, and the State
(89) Freshman Seminar 47g. Genocide
(90) Freshman Seminar 47j. The Ethics of War
(91) Freshman Seminar 47k. The Invention of Nature
(92) Freshman Seminar 47u. Declarations of Independence: The Political Philosophy of the American Revolution
(93) Freshman Seminar 47w. The Spirit and Soul of American Economic History
(94) Freshman Seminar 47x. Electing Thomas Jefferson
(95) Freshman Seminar 47y. Food, Eating, and Diet
(96) Freshman Seminar 47z. Museums, Cultural Property, and Repatriation

(97) Freshman Seminar 48e. Reading, Writing, and Arithmetic in the Ancient World
(98) Freshman Seminar 48g. Madness and Society
(99) Freshman Seminar 48j. Race and Ethnic Relations Outside the United States
(100) Freshman Seminar 48k. Political Legitimacy and Resistance: What Happened in Montaigne's Library on the Night of October 23, 1587, and Why Should Political Philosophers Care?
(101) Freshman Seminar 48n. American Dreams
(102) Freshman Seminar 48p. Harem Fictions from Montesquieu to Mernissi
(103) Freshman Seminar 48s. Crime, Madness, and Degeneration in 19th-Century Europe
(104) Freshman Seminar 48t. "Hey Kids!": American Childhood in Historical Perspective
(105) Freshman Seminar 48u. Race and Nation: The White Experience in Post-Apartheid South Africa
(106) Freshman Seminar 48w. Imagining the Nation in Germany and Yugoslavia
(107) Freshman Seminar 48x. Nationalism in Modern Western Europe
(108) Freshman Seminar 48y. The "Rise of the West," Conflicting Explanations
(109) Freshman Seminar 48z. Asian Women and Migration
(110) Freshman Seminar 49e. Globalization: Critical Perspectives
(111) Freshman Seminar 49g. The Holocaust, History and Reaction
(112) Freshman Seminar 49j. Interpreting Chinese History
(113) Freshman Seminar 49k. Wealth and Leadership: Two Centuries of Boston Philanthropy
(114) Freshman Seminar 49m. Gay Marriage and Families
(115) Freshman Seminar 49p. Childhood and Its Literary Culture
(116) Freshman Seminar 49s.The United Nations, Past and Present: Can the UN Be Fixed? Is the UN the Problem?
(117) Freshman Seminar 49u.The Future of Social Security
(118) Freshman Seminar 49w.Latin American Social Movements
(119) Freshman Seminar 49x.Talking to Humans:Ethnographic Method in the Social Sciences

---

출처: http://www.fas.harvard.edu/~seminars/fs

독일 대학의 세미나 교육

독일 대학의 수업은 거의 세미나 방식으로 이루어지고 있다. 강좌소개는 우리나라 대학의 수강편람과 같은 소책자나 인터넷상에서 다루어진다. 많은 강좌이름이 '…세미나'의 형식을 띠고 있다. 이에 반해 대부분의 학과에서 개설되는 포어레중(Vorlesung)이라는 이름의 강좌들은 일반적으로 교수가 강의내용을 일방적으로 전달하는 형식을 주로 취한다.

졸업이 힘들다고 알려져 있는 독일대학에서의 수강신청과 이수는 학생들의 철저한 자발성과 자율에 맡겨지고 있다. 학부과정과 석사과정이 분리되어 있지 않다는 점이 졸업이 힘든 주된 이유 가운데 하나이다. 일반적으로 석사학위를 받기까지 논문 외에도 평균 두 번의 시험을 치르게 되는데, 중간시험과 마지막 졸업시험이 그에 해당한다. 또한 수 전공과 두 개의 부전공을 심도 깊게 공부해야 하는 제도는 독일 대학생들에게 부담을 주고 있지만 기초학문에 대해 학생들이 다양한 시각을 확보할 수 있는 기회를 제공하고 있다.

학점과 수강과정을 자유로이 선택하는 폭이 독일 대학에서는 상당히 넓기 때문에, 실제적으로 학과나 학교 측의 제약이 거의 없다고 볼 수 있다. 일반적으로 학생과 교수의 의사소통에 의해 학과목의 선택에서부터 학점을 받는 과정에 이루어지며, 그 학점이 학과나 학교당국에 의해서 통제되거나 보관, 입력되지 않는다. 이수학점에도 아무런 제약이 없어서, 원하기만 한다면 한 학기에 몇 과목을 들어도 상관없다. 전공과 부전공의 인정은 필요한 시험을 치기 위한 자격을 얻기 위해 충분한 '증명서(Schein)'들을 갖추고 있는가의 여부에서 결정된다. 그 증명서는 강좌의 담당교수가 요구하는 모든 사항(구두발표, 시험, 출석, 보고서 제출 등)에서 충분한 점수를 인정받고 요구할 수 있는데, 이것이 거의 유일한 학점인정장치인 것이다. 따라서 굳이 수강신청을 하지 않아도 원칙적으로 제한 없이 강의를 들을 수 있으나 '증명서'를 받는 것은 그와 전혀 별개이다. 한 학기에 이수해야 할, 혹은 이수할 수 있는 학점에는 제한이 없으나 특정 과정을 거쳤다는 성적증명이 없으면 그 다음 강좌를 들을 수 없게 제한하는 경우가 많기 때문에 결국은 일정정도의 학업의 방향성을 제시해 주고 있는 셈이다.

오늘날 독일 대학은 미국을 비롯한 여러 나라의 학사학위 제도에 대해 깊은 관심을 보이고 있으며 이공계 분야 등에서는 부분적으로 수용하여 선택하고 있는 경우가 많다. 그럼에도 불구하고, 인문학 분야에서는 기존의 체제가 거의 변함없이 지금도 유지되고 있다. 학생들이 상대적으로 공부해야 할 내용도 많고 학점을 따거나 혼자서 학습계획을 짜서 논문을 쓰는 작업이 매우 어려움에도 불구하고 교과과정에서 요구되는 기준은 여전히 높다.

일반적으로 독일대학에서는 교과과정에서 요구되는 기준이 상당히 높고 부전공 제도가 일반화되어 있다. 대학마다 차이가 있지만 대학과정에서는 보통 전공 이외에도 거의 전공과 마찬가지의 공부 량이 요구되는 부전공과 그 다음의 부전공을 포함하는 두 개의 부전공을 마쳐야 한다. 따라서, 인문사회계열의 학과 세미나에는 전공학생에 비해 부전공으로 그 과목을 공부하는 학생 수가 더 많은 경우도 있다. 대체로 비슷한 관심을 가진 학생들이 비슷한 수업을 함께 듣다 보니까 부전공을 하는 학생들끼리라도 전공하는 학생들 못지않게 활발한 학문적 교류를 하게 되고 같이 함께 그룹을 지어 시험 준비를 하는 경우도 많다. 다양한 전공을 가진 학생들이 수업에 참여하게 되기 때문에 학문간 연계는 자연스럽게 이루어질 수 있다.

세미나 위주의, 철저히 자발적 학습계획에 따라 짜여지는 이러한 연구방식은 조직적이고 논리적인 학습과 연구능력을 키워주는 것임과 동시에, 본인의 책임과 흥미에 따라 학습과정을 편성할 수 있다는 점에서 높은 책임감과 독자적 사고전개를 북돋아 주는 측면이 강하다.

◎ 쾰른 대학교(Universität zu Köln)의 철학 세미나 사례

쾰른 대학교에서 이루어지고 있는 철학 세미나(Philosophisches Seminar)는 구체적으로 다음과 같다.

- 기간은 한 학기(예: 2004년1월15일~4월3일)이며, 담당교수 외 여러 명의 교수진이 서로 연락을 취하며 세미나를 진행한다.
- 세미나와 관련된 모든 정보(Termine und Themen) 및 진행과정은 세미나 홈페이지의 '수업(Lehre)'메뉴에서 찾아볼 수 있다.
- 프로그램은 강의(Vorlesung)와 세미나(Seminar)로 구성되는데, 일주일에 강의 한

번과 3번의 세미나(Proseminar, Hauptseminar)로 이루어진다.

예) 강의(Vorlesung) - 수요일 오후 1시~3시 (Mi 13-15 Uhr)

예비 세미나(Proseminar) - 수요일 오후 6시반~8시 (Mi 18.30-20.00)

- 목요일 오후 5시~6시반 (Do 17-18.30)

주 세미나(Hauptseminar) - 금요일 오전 9시~11시 (Fr 9-11 Uhr)

- 강의를 제외한 모든 세미나에서는 문헌이나 논문들(Literatur)이 미리 주어지고 이에 대해 토의하는 방식으로 진행된다.
- 홈페이지의 '수업' 메뉴에는 이 세미나와 관련이 있는 다른 세미나의 강의시간과 주제도 함께 상세하게 소개하고 있어, 학생들이 원한다면 언제든지 참여할 수 있도록 하고 있다. 이밖에도 주제와 관련된 국제적인 세미나 일정도 소개하고, 참가토록 하고 있다.
- 세미나에 관련된 문의사항에 대해서는 담당교수 외에도 약 33명의 교수들이 면담시간을 개방하고 있어 학생들로 하여금 언제든지 찾아 올수 있도록 유도하고 있다.
- 세미나 프로그램은 다른 나라의 학교들(der Universität Sifua:불가리아, der Universität Rom "La Sapienza":이태리, der Universität Leuven: 벨기에 등)과도 연계하고 있어, 학생이 원한다면 1년 동안 교환학생으로 공부할 수 있는 기회도 주어진다.
- 홈페이지 : http://www.uni-koeln.de/phil-fak/phil/index.html

베를린 자유 대학교(Freie Universität Berlin)**의 '동아시아 세미나-일본연구' 세미나 사례**

베를린 자유 대학교에서 이루어지고 있는 '동아시아 세미나-일본연구(Ostasiatisches Seminar - Fachrichtung Japanologie)'는 구체적으로 다음과 같다.

- 이 세미나에서는 일본의 경제발전, 사회 움직임, 문화에 대해 토론한다.
- 세미나를 위해 연구실과 도서관이 제공되며, 8명의 교수와 초대강사 및 2명의 강연자와 2명의 조교로 이루어진다.
- 프로그램은 크게 말하기훈련(Sprachausbildung)과 경제발전과 사회움직임의 중

요성(Schwerpunktbereich wirtschftliche Entwicklung und soziale Bewegung), 국가와 사회의 중요성(Schwerpunktbereich Staat und Gesellschaft), 문화의 중요성(Schwerpunktbereich Kultur)으로 나뉘어지고, 다시 강의와 세미나(대략 2시간)로 이루어진다.

예) 일본어(Japanisch III) - 월요일 12시-2시 (Mo. 12.00-14.00)
　종교 · 문화연구(Landeskunde I) - 목요일 6시-8시 (18.00-20.00)
　일본경제(Japanese Economy) - 월요일 4시-6시 (16.00-18.00) 등

- 매 강의 및 세미나는 주제에 맞는 전문분야의 교수나 강사가 맡아서 이루어진다.
- 홈페이지 : http://www.fu-berlin.de/japanologie/index.shtml

알버트-루드빅 프라이브룩 대학교(Albert-Ludwigs-Universität Freiburg)의 역사 세미나 사례

알버트-루드빅 프라이브룩 대학교에서 이루어지고 있는 역사세미나(Historisches Seminar)는 구체적으로 다음과 같다.

- 세미나는 중세사(Mittelalterliche Geschichte)와 근대사(Neuere Geschichte), 근대 동아시아사(Neuere und Osteuropische Geschichte), 사회주의역사(Sozialgeschichte) 등 7분야로 나뉜다.
- 해당 분야의 담당교수 10명이 각각의 강의와 세미나를 맡고, 면담시간을 갖는다(홈페이지에 면담시간 제시).
- 7분야로 나뉘어진 프로그램은 각각의 홈페이지를 갖고 담당교수 및 조교들로 이루어져 진행된다.
- 홈페이지 : http://www.geschichte.uni-freiburg.de/index.html

미국 대학의 세미나 교육

하버드 대학교의 세미나 교육

총 42개 전공분야에 학위를 수여하고 있는 하버드 대학교에서 이루어지는 세미나 교

육은 1학년생을 위한 Freshmen Seminar, 2학년 이상의 Junior Seminar와 튜터리얼 강좌(tutorial) 프로그램이 일반적이다. 학부마다 조금씩 차이가 있지만 대부분 기초필수과정(Basic Requirements)에서는 2학년과 3학년 학생들에게 튜터리얼 프로그램을 이수하도록 하고 있다. 하지만 4학년 학생들의 세미나는 우등과정(honors requirements)에서만 필수로 이수하도록 하고 있다.

전공과정에서 일반적인 '세미나(Seminars)', '연구세미나(Research Seminars)', '필드세미나(Field Seminar)', '우수자 연구 세미나(Honors Research Seminar)', '시니어세미나(Senior Seminar)', '세미나/워크숍(Seminar/Workshop)' 강좌가 개설되어 있다. 또한 대학원 과정에서 운영되는 세미나에 학부학생들도 수강할 수 있도록 허용하고 있다.

또한, 2004학년도 1학기에 하버드 대학교의 전체 학부전공(Afro-American Studies, Anthropology, Economics, History 등) 가운데 이과인 응용수학(Applied Mathematics)이나 물리(Physics)를 제외한 대부분의 전공들이 Tutorial 강좌를 필수과목으로 채택하고 있다. 예를 들어, 경제학(Economics)의 경우 신입생(Freshman)을 제외한 모든 학생(Sophomore, Junior, Senior)이 매학년 한 학기에 한 과목씩 이수하도록 하고 있다.

일반적으로 하버드 대학교에서 진행되는 세미나는 보통 1주일에 한 번, 몇 시간동안 진행되며 주로 한 분야의 글과 연구에 대해 논의한다. 학생들은 이러한 논의를 이끌고, 프리젠테이션을 한다. 시험대신에 학생들은 일반적으로 연구결과에 기초한 페이퍼를 준비하는 경우가 많고, 점수는 보통 이 페이퍼와 출석으로 평가된다.

이외에도 '하우스세미나(House Seminar)'나 '신입생세미나(Freshman Seminar)' 등의 세미나 강좌가 열려 있다. 하우스세미나(House Seminar)는 학부학생들을 대상으로 하는 2학점 강좌로 현재의 교육과정에 새로운 교수방법을 제안하고 학문주제의 범위와 깊이에 따른 방법, 이론과 실제의 통합이나 학생들의 요구에 부응하는 새로운 방법을 제시한다. 보통 letter-grade[참고 : 하버드 학부생들은 A, A-/B+, B, B-/C+, C, C-/D+, D, D-/ E(Earned by work)의 12가지 학점 종류를 받고 있다]이나 교수의 선택에 따라 SAT / UNS(Satisfactory /Unsatisfactory) 학점으로도 개설 가능하다. 교수의 허락을 받아야 수강 가능하며, 수강인원은 6-20명이다. 연평균 11개의 강좌가 개설되며, 매학기 새로운 주제를 다룬다. 최근에는 'Printed Books as a Field of Study', 'Medical Ethics: Issues in Law and Medicine', 'Nutrition and Public Health', 'Sigmund Freud and C.S. Lewis: Two Contrasting World Views'가 개설되었다. 학부 1학년 학생들에게 제공되는 Freshman Seminar는 대학에 재학하는 첫 두 학기동안 이수해야 하며, 학점은 letter grade가 아닌 SAT/UNS(Satisfactory /Unsatisfactory)로 제공된다. 수강인원은 6~18명으로 제한되어 있으며, 2002-03학년도에 개설된 Freshman Seminar의 강좌수는 모두 89개로 가을 학기에 55개의 강좌, 봄 학기에 34개의 강좌가 개설되었다. 하버드 대학에서 Freshman Seminar는 1959년경에 시작되어, 최근 3년간 급속히 성장한 프로그램이다.

반면, 프로세미나(proseminar)는 대학원생들을 대상으로 하는 세미나로 고급 세미나 과정을 대비하기 위해 과목이나 학문 영역에 대한 기본적 지식을 쌓기 위한 준비반이라 할 수 있다. 4학점 과목이며, 개설된 과목으로는 NSCI E-100, SSCI E-100a, SSCI E-100b, HUMA E-100(NSCI; Natural Science , SSCI; Social Science)이 있으며, 학점은 letter grade로 제공된다.

이 밖에도 Conference course가 있는데 이 과정은 학생들에게 연구활동보다는 토론활동을 강조한다. 수강인원은 25~35명 정도이며, 한 주에 한번 2~3시간 정도의 모임을 갖는다. 학생들은 과정 중 보고서를 제출하거나 연구활동을 함과 동시에 강의도 듣게 된다. 대부분 기말고사는 보지 않으며, 학부 고학년생뿐만 아니라 대학원생들도 수강 가능하다.

하버드 대학교의 세미나 교육 : 하우스 세미나

- 역사
  - 하우스 세미나 프로그램(The House Seminar Program)은 1972년 Derek Bok 총장의 건의에 의해서 처음 실시되었다.
  - 제한된 소수의 학생들이 기숙사(house)를 단위로 개설된 과정에 등록하는 형식으로 실행된다.
  - 교수 활동에 있어 기숙사(House) 위원회의 적극적인 후원을 받고 있으며, 일반교육(General Education) 위원회에서 1979-80년에 비학부 교육위원회(Non-Departmental Instruction)를 거쳐 현재 신입생세미나위원회(freshman seminars committee)로 명칭이 바뀐 기관의 관리 하에 놓여 있다.

• 구성

- 가르칠 대상의 범위와 깊이, 이론과 실제의 결합, 혹은 학생들의 특정한 필요에 따른 해답, 그리고 교수방법에 있어서 이러한 세미나들은 기존의 커리큘럼에 비해서 신선하고 새로워야한다는 것을 원칙으로 한다.
- 교수(教授)활동은 기본적으로 학교 당국에 책임이 있다.
- 모든 기숙사 세미나는 교수 활동 시 기숙사 위원회의 허가를 받아야만 한다. 기숙사 위원회는 고문튜터(master tutor)와 상급튜터(senior tutor), 적어도 세 명 이상의 주요 학문 분야(자연과학, 사회과학, 인문과학)의 정교수진으로 구성되어 져야 한다. 그리고 이때 정교수진은 학장(dean of faculty)으로부터 임명된다.
- 일반 교육학 실험들은 이러한 기숙사 중심의 교육 과정들이 교수진과 학생들을 하나로 묶는 학문의 중심 장(場)이 될 것이라는 가능성을 지지해 주었다.
- 주어진 기숙사에서 학생들의 교과에 대한 요구에 부합하도록 노력해야 한다. 그리하여 등록에서부터 그 실제적 부분(substantial part)까지를 이끌어내야 한다.

• 내용

- 기숙사 세미나는 일상적으로 제공되어지는 커리큘럼에 반하여서는 안 된다: 수강과목 목록에 있는 과정들을 따라 해서는 안 된다.
- 모든 과정들은 학점을 주는 것을 기본으로 하나, A, B, C, D, F 등의 문자(letter) 학점이 아니라 과정을 이끄는 지도자의 동의여부에 따라 pass/fail로 구분한다. 현재 학점 제도가 SAT/UNS 체제로 운영될 수 있도록 교수진들이 위원회에 건의한 상태이다.
- 시행 된 이후 2004년까지 총 411의 과정들이 있었으며 매년 평균 11개꼴로 실시되었다. 현재에는 7~12개의 과정이 매 학기마다 개설되도록 규정을 두고 있다.
- 많은 경우 정규 수강 편람에는 이 과정들이 수록이 되어 있지 않은 경우가 많은데, 이는 승인 처리가 늦게 되기 때문이다. 일반적으로 봄에 나오는 보

충 목록에 기재된다.

- 새로이 개설하고자 하는 정규과정들을 미리 경험해 볼 수 있는 경우가 많다(예를 들어 유태인수용소(Holocaust), 미국인의 삶과 경제 등의 과목). 혹은 정규과정으로 두기에는 부적절한 과목들(예를 들어 Warren Wacker의 '미국의 건강 보호'라든지 Warren Godfarb의 '동성애에 대한 학제 간 연구' 등)을 다룸으로써 학생들에게 좀 더 다양하고 깊은 학문 탐구의 기회를 줄 수가 있다.
- 소규모의 그룹으로 전문가와 더불어 하는 학습은 학생들이 일상적으로 갖게 되는 경험을 넘어선 경험을 할 수 있도록 해 준다.

MIT 세미나 교육

MIT에서는 2004년도에 총 32전공(Architecture, Media Arts and Sciences, Urban Studies and Planning, etc.) 중 Architecture, Anthropology, History, Political Science, and Science, Technology, and Society의 5개 전공에서는 세미나를 필수과목으로 포함하고 있다. 이밖에도 학부대학에서는 전체학생을 대상으로 22개의 세미나를 소수정원제로 운영하고 있으며, 학생들로 하여금 관심분야의 세미나를 들을 수 있는 기회를 제공하고 있다. 이외에도 매 학기마다 신입생을 위한 Freshman Seminar를 운영하고 있다.

MIT의 Undergraduate Seminar

- MIT의 Undergraduate Seminar는 봄과 가을 학기 모두 개설된다. Undergraduate Seminar에서는 학생들의 학습과정의 질을 높이고 일반적인 MIT교육과정에 존재하지 않는 학습영역과 탐구방법을 공부할 수 있다.
- 보통 비공식적, 상호작용적이고, 토론중심 혹은 참여중심적인 자세가 요구된다.
- 보통 15명 학생 이하의 소규모로 진행된다.
- 세미나에 통과하기 위해서는 단순한 활동이 아니므로 반드시 참석하고, 참여하고 그 이외의 숙제를 해야 한다.
- 이수단위 : 학부생 세미나는 6종류의 선택과목 이수를 선택해 올 수 있다.

- 세미나는 항상 P/D/F로 등급이 나뉜다.(P/No Record를 받은 신입생은 제외)
- 세미나는 어떠한 GIR이나 각 학부의 필수과목을 대체할 수 없다.
- 학부생 세미나 등록절차
  - 먼저 온라인 상으로 어떠한 과목이든지 선등록을 해야 한다.
    http://student.mit.edu/catalog/Undergraduate Semianrs.html
  - 등록날짜를 넘겨서 등록할 경우 추가양식도 역시 등록해야 한다.
  - 등록된 학생 전부는 세미나의 첫 미팅에 반드시 참석해야 한다. 대부분의 세미나들은 등록 가능한 숫자가 제한되어 있다.

참 고 문 헌

김영채 (1995). 사고와 문제해결심리학. 서울: 박영사.

이성호 (1986). 교수법의 탐구. 서울: 양서원

이용남 · 박분희 (1994). 인지심리와 교수-학습 서울: 교육과학사.

전명남 (2004). 학습전략 업그레이드. 서울: 연세대학교 출판부.

전명남 · 김영채 (2003). 창의력 개발: 교육용 워크북. 서울: 창지사.

Allan, K., & Miller, M. (2000). *Literacy and learning: Strategies for middle and secondary schools.* Boston: Houghton Mifflin.

Almasi, J. F. (1995). The nature of fourth grader's socio-cognitive conflicts in peer-led and teacher-led discussions of literature. *Reading Research Quarterly,* 30(3), 314-351

Almasi, J. F., & Gambrell, L. (1994). Socio-cognitive conflict in peer-led and teacher-led discussions of literature. *Reading Research Report #12*, Athens, GA: National Reading Research Center.

Alvermann, D. (1991). The discussion web: A graphic aid for learning across the curriculum. *Reading Teacher,* 45, 92-99.

Alvermann, D., Swafford, J., & Montero, M. (2004). *Content area literacy instruction: Elementary grades.* Boston: Pearson Education, Inc.

Alvermann, D., Young, J., Weaver, D., Hinchman, K., Moore, D., Phelps, S., et al. (1996). Middle and high school students' perceptions of how they experience text-based discussions: a multicase study. *Reading Research Quarterly,* 31(3), 244-267

Anzul, M. (1993). Exploring literature with children within a transactional framework. In K. Hollan, R. Hungerford, & S. Ernst (Eds.), J*ourneying: Children respond to literature* (pp.187-203). Portsmouth, NH: Heinemann.

Arnett, J. J. (2000). Learning to stand alone: The contemporary American transition to adulthood in cultural and historical context. *Human Development, 41*, 295-315.

Athanases, S. (1998). Developing a classroom community of interpreters. *English Journal*, 77, 45-48.

Bahktin, M. (1981). *Speech genres and other late essays* (C. Emerson & M. Holquist, Trans.). Austin, TX: University of Texas Press.

Baker, S., & Pomerantz, N. (2000-2001). Impact of learning communities on retention at a metropolitan university. *Journal of College Student Retention, 2*, 2, 115-126.

Baldwin, R. (2000). "Academic Civility Begins in the Classroom." The Professional & Organizational Development Network in Higher Education. Essays on Teaching Excellence: Towards the Best in the Academy. http://www.cte.umd.edu/

Baloche, L., Mauger, M., Willis T., Filinuk, H., & Michalsky, B. (1993). Fishbowls, creative controversy, talking chips: Exploring literature cooperatively. *English Journal*, 82, 43-48.

Bean, J., & Eaton, S. B. (2001-2002). The psychology underlying successful retention practices. *Journal of College Student Retention, 3*, 1, 73-89.

Bender, T. (2003). *Discussion based online teaching to enhance student learning: Theory, practice and assessment.* Sterling, Virginia : Tisha Bender.

Benson, A., and E. Wright. (1999). "Pedagogy and Policy in the Age of the Wired Professor, *T.H.E. Journal* (November).

Berge, Z., and L. Muilenburg. (2002). March 4. "A Framework for Designing Questions for Online Learning." Berge Collins Associates.

Bettencourt, B. A., Bol, L., & Fraser, S. C. (1994). Psychology graduate students as research mentors of undergraduates: A national survey. *Psychological Reports, 75,* 963-970.

Billings, L., & Fitzgerald, J. (2002). Dialogic discussion and the Paedeia seminar. *American Educational Research Journal*, 39, 907-941

Blachowicz, C. (1986). Making connections: Alternatives to the vocabulary notebook. *Journal of Reading*, 29, 43-49

Blankespoor, H. (1996). "Classroom Atmosphere: a Personal Inventory." In *Inspiring Teaching: Carnegie Professors of the Year Speak*. ed. J. K. Roth. Williston, VT: Anker Publishing Co.

Bloom, B. (Ed.) (1956). *Taxonomy of educational objectives.* New York: Longman.

Bloome, D., & Green, J. (1992). Educational contexts of literacy. In W. A. Grabe (Ed.). *Annual Review of Applied Linguistics, 12,* 49-70. New York: Cambridge University Press.

Borich, G. D. (2000). *Effective Teaching Methods.* 4th Eds. Columbus, Ohio: Merrill(박승배 외, 공역 (2004). 효과적인 교수법. 서울: 아카데미 프레스).

Brookfield, S. D., & Preskill, S. (1999). *Discussion : As a way of teaching.* San Francisco: Jossey-Bass Pub.

Brookfield, S. D., and S. Preskill. (1999) "Getting Discussion Started" *Chapter 4 in Discussion as a Way of Teaching: Tools and Techniques for Democratic Classrooms.* San Fransisco: Jossey-Bass

Brumbaugh, D., & Rock, D. (2001). *Teaching secondary mathematics.* 2nd ed. NJ: Lawrence Erlbaum Associates.

Capolupo, R. F., Fuller, R., & Wilson, L. (1995). Retention at Drexel University : A look at a successful model. *The Act 101 Journal 2*, 2, 8-9.

Chambers, D. W., & Fernandez, A. A. (2004). The quality of learning. Quality Progress, Mar 2004, 37, 3, ABI/INFORM Global. 50-56.

Chase, N., & Hynd, C. (1987). Reader response: An alternative way to teach students to think about text. *Journal of reading, 20,* 530-540.

Colten, M. E., & Gore, S. (Eds.) (1991). *Adolescent stress: causes and consequences.* New York: Aldine de Gruyter.

Colton, G. M., Connor, U. J., Jr., Shultz, E. L., & Easter, L. M. (1999). Fighting attrition : One freshman year program that targets academic progress and retention for at-risk students. *Journal of College Student Retention, 1*, 2, 147-162.

Cox, C., & Many, J. (1992). Toward an understanding of the aesthetic response to literature. *Language Arts, 69,* 28-33.

Crawford, K., & Hoopingarner, T. (1993). A kaleidoscope of conversation: A case study of a first-grade literature group. In K. Pierce and C. Gilles (Eds.), *Cycles of meaning* (pp. 261-273). Portsmouth, NH: Heinemann.

Creighton University Firsy Year Experience http://www.firstyear.creighton.edu

Crespi, T. D., & Becker, J. T. (1999). Mental health interventions for college students: Facing the family treatment crisis. *Family Therapy, 26*, 141-147.

D'Aurora, D. L., & Fimian, M. J. (1988). Dimensions of life and school stress experienced by young people. *Psychology in the Schools, 25*, 44-53.

Dale, P. M., & Zych, T. (1996). A successful college retention program. *College Student Journal 30*, 3, 354-360.

Daniels, H. (2002). *Literature circles: Voice and choice in book clubs and reading groups.* Portland, ME: Stenhouse.

Davies, B., & Harré, R. (1990). Positioning: The discursive Production of selves. *Journal for the Theory of Social Behavior, 20,* 43-63.

Day, J. P., Spiegel, D. L., McLellan, J., & Brown, V. B. (2002). *Moving forward with literature circles.* New York: Scholastic Inc.

Delaney, A. M. (2002). Enhancing support for student diversity through research. *Tertiary Education and Management, 8*, 2, 145-166.

Do, S. L., & Schallert, D. L. (2004). Emotion and classroom talk : Toward a model of the role of affect in students' experiences of classroom discussions. *Journal of Educational Psychology, 96,* 619-634.

Dondero, G. M. (1997). Mentors: Beacons of hope. *Adolescence, 32*, 881-887.

DuBois, D. L., Holloway, B. E., Valentine, J. C., & Cooper, H. (2002). Effectiveness of mentoring programs for youth: A meta-analytic review. *American Journal of Community Psychology, 30,* 157-198.

Dynneson, T., & Gross, R. (1995). *Designing effective instruction for secondary social studies.* Englewood Cliffs, NJ: Merrill.

Ellis, S., & Whalen, S. (1990). *Cooperative learning: Getting started.* Jefferson City, MO: Scholastic Inc.

Fisher, B. M. (2001). *No Angel in the Classroom: Teaching through Feminist Discourse.* Lanham, Maryland Md.: Rownman & Littlefield Publishers, Inc.

Fitzgerald, M. J., & Cullen, T. P. (1991). Learning through a "Real World" experience. *Cornell Hotel and Restaurant Administration Quarterly, 32, 2*, 85-88.

Flowers, L., Osterlind, S. J., Pascarella, E. T., & Pierson, C. T. (2001). How much do students learn in college? : Cross-sectional estimates using the college base. *The Journal of Higher Education, 72*, 5, 565-583.

Frazier, P. A., & Schauben, L. J. (1994). Stressful life events and pscyholgical adjustment among femle college students. *Measurement and Evaluation in Counseling and Development, 27*, 280-292.

Freedman, G., & Reynolds, E. (1980). Enriching basal reader lessons with semantic webbing. *Reading Teacher, 33,* 677-684.

Freedman, L. (1993). Teacher talk: The role of the teacher in literature discussion groups. In K. Pierce and C. Gilles (Eds), *Cycles of meaning* (pp. 219-235). Portsmouth, NH: Heinemann.

Fuhler, C. (1994). Response journals: Just one more time with feeling. *Journal of Reading, 37,* 400-405.

Gilles, C. (1993). We make an idea: Cycles of meaning in literature discussion groups. In K. Peirce and C. Gilles (Eds.). *Cycles of meaning.* Portsmouth, NH: Heinemann. 199-217.

Gilles, C. (1993). We make an idea: Cycles of meaning in literature discussion groups. In K. Peirce and C. Gilles (Eds.). *Cycles of meaning.* Portsmouth, NH: Heinemann. 199-217.

Glasser, W. (2000). *Every student can succeed.* Black Forest.

Glasson, G. E., McKenzie, W. L. (1997). Investigative learning in undergraduate freshman biology laboratories. Academic Research Library. 189-193.

Gordon, T. W., Young, J. C., & Kalianov, C. J. (2001). Connecting the freshman year experience through learning communities : Practical implications for academic and student affairs units. *College Student Affairs Journal, 20*, 2, 37-47.

Graham, M., & Spiegel, D. (1996). Prompts for different purposes. Unpublished manuscript.

Guthrie, J., Van Meter, P., McCann, A., Wigfield, A., Bennett, L., Poundstone, C., et al. (1996). Growth of lteracy engagement : Changes in motivations and strategies during concept-oriented reading instruction. *Reading Research Quarterly, 3,* 306-322.

Harste, J. (1993). *Inquiry-based instruction. Primary Voices K-6, 1, 2-5.*

Harste, J., & Short, K., with Burke, C. (1998). *Creating callssrooms for authors: The reading-writing connection.* Portsmouth, NH: Heinemann

Hicks, C. (2000). Contemporary issues in mentoring. Sepctrum. *Journal of State Government, 73,* 20-24.

Hicks, C., & Hofmann, D. J. (2000). Mentoring school age children: Relationship development in community-based and school-based program. Spectrum. *Journal of State Government, 73*, 17-19.

http://www.fas.harvard.edu/~seminars/fs

Jacque, D. (1992). *Learning in groups.* Houston: Gulf.

Jacque, D. (1993). The judge comes to kindergarten. In K. Holland, R. Hungerford, & S. Ernst (Eds.), *Journeying: Children respond to literature* (pp. 43-53). Portsmouth, NH: Jeinemann.

Jarolimeck, J. (1986). *Social studies in elementary education* (7th ed.). New York: Macmillan.

Kenny, M. E., & Rice, K. G. (1995). Attachment to parents and adjustment in late adolescent students: Current status, applications, and future considerations. *Counseling Psychologist, 23*, 433-456.

King, K. A., Vidourek, R. B., Davis, B., & McClellan, W. (2002). Increasing self-esteem and school connectedness through a multidimensional mentoring program. *Journal of School Health, 72,* 294-300.

Langer, J.A. (1992). Rethinking literature instruction. In J.A. Langer (Ed.), *Literature instruction: A focus on student response* (pp. 35-53). Washington, DC: National Council of Teachers of English.

Leal, D. (1993). The power of literacy peergroup discussions: How children collaboratively negotiate meaning. *Reading Teacher, 47,* 114-120.

Lemke, J. L. (1990). *Talking science: Language, learning, and values.* Norwood, NJ: Ablex

Many, J., & Wiseman, D. (1992). Analyzing versus experiencing the effects of teaching approaches on students' responses. In J. Many & C. Cox (Eds.). *Reader stance and literary understanding.* Norwood, NJ: Ablex. 250-276.

McMahon, S. (1994). Student-led book clubs: Traversing a river of interpretation. *The New Advocate,* 7, 109-125.

Mercer, N. (1995). *The Guided construction of knowledge: Talk amongst teachers and learners.* Philadelphia, PA: Multilingual Matters Ltd.

National Resources Center for First Year Experience and Students in Transition. http://www.sc.edu/fye

Nystrand, M., & Gamoran, A. (1991). Instructional discourse, student engagement, and literature achievement. *Research in the Teaching of English, 25,* 261-290

Nystrand, M., & Gamoran, A. (1993). From discourse communities to interpretive communities. In G. Newell & R. Durst (Eds). *Exploring texts: The role of discussion and writing in the teaching and learning of literature.* Norwood, MA: Christopher Gordon, 91-111.

Ogle, D. (1986). K-W-L: a teaching model that develops active reading of expository text. *Reading Teacher, 39,* 564-570.

Palloff, R. M. (1999). *Building learning communities in cyberspace : Effective strategies for the online classroom.* San Francisco : Jossey-Bass Pub.

Pascarella, E. T. (1980). Student-faculty informal contact and college outcomes. *Higher Education Research, 50*, 4, 545-595.

Pascarella, E. T., & Terenzini, P. T. (1991). *How college affects students : Finding insights from twenty years of research.* San Francisco : Jossey-Bass.

Patenaude, M. (1999). "Keeping them Awake of HOw I Learned to Relinquish the

Spotlight." *CCV Handbook for Basic Writing Instructors.*

Peterson, R., & Eeds, M. (1990). *Grand conversations : Literature groups in action.* Richmond Hill, ONT: Scholastic Canada Ltd.

Pierce, K., & Gilles, C. (Eds.), (1993). *Cycles of meaning: Exploring the potential of talk in learning communities.* Portsmouth, NH: Heinemann.

Pogranichniy, S., Burras, L., Polito, T. A., & Wiedenhoeft, M. H. (2001). Freshman learning communities in agriculture : Observations and assessment. *Journal of Natural Resources and Life Science Education. 30*, 104-110.

Prillerman, S. L., Myers, H. E., & Smedley, B. D. (1989). Stress, well-being, and academic achievement in college. In G. L. Berry & J. K. Asamen (Eds.). *Black students: Psychosocial issues and academic achievement.* London: Sage.

Professional Standards for Teaching Mathematics (1991). Reston, VA: National Council of Teachers of Mathematics.

Reeves, K. E. (1997). Formal mentoring for college freshman: Who participates and what happens. *Dissertation Abstracts International, 57*, 5078.

Richards, I. A. (1942). *How to read a page.* Boston: Beacon Press.

Richardson, J., and A. Turner. (2001). "Collaborative Learning in ad Virtual Classroom." National Teaching and Learning Forum Newsletter 10 (2, February)

Rohfeld, R. W., and R. Hiemstra. (1995). "Moderating Discussions in the Electronic Classroom." Berge Collins Associates.

Rosenblatt, L. (1978). *The Reader, the text, the poem: The transactional theory of the literary work.* Carbondale, IL: Southern Illinois University Press.

Ryan, D. G. (1960). *Characteristics of effective teachers, their descriptions, comparisons and appraisal : A research study.* Washington, DC: American Council on Education.

Salmon, G. (2000). E-Moderating: The Key to Teaching and Learning Online. London: Kogan Page.

Sheppard, L. (1990). Our class knows Frog and Toad. In K. Short & K. Peirce (Eds.), *Talking about books: creating literate communities* (pp. 71-81). Portsmouth, NH: Heinemann.

Short, K. (1993). Making connections across literature and life. In K. Holland, R. Hungerford, & S. Ernst (Eds.), Journeying: *Children responding to literature* (pp. 284-301). Portsmouth, NH: Heinemann.

Soldner, L., Lee, Y., & Duby, P. (1999). Welcome to the block : Developing freshman learning communities that work. *Journal of College Student Retention, 1*, 2, 115-129.

Sparks, R. L., Javorsky, J., & Philips, L. (2004). College students classified with ADHD and the foreign lenguage requirement. *Journal of Learning Disabilities.* 37, 2, 169-178.

Spiegel, D. (1981). Six alternatives to the Directed Reading Activity. *The Reading Teacher, 34,* 914-920.

Spiegel, D. (1996). The role of trust in reader-response groups. *Language Arts, 73,* 332-339.

Spiegel, D. L. (2005). *Classroom Discussion.* Scholastic Professional Books.

Tibbetts, S. G. (2003). Freshman Interest Groups in Criminal Justice Education. *Journal of Criminal Justice Education, 14*, 2, 213-228.

Tinto, V. (1996). Reconstructing the first year of college. *Planning for Higher Education, 25*, 1, 1-6.

Toba, H. (1967). *Teacher's handbook for elementary social studies.* Reading, MA: Addison-Wesley.

Trowbridge, L., Bybee, R., & Powell, J. (2000). *Teaching secondary science.* Upper Saddle River, NJ: Prentice-Hall.

Turner, J., & Paris, S. (1995). How literacy tasks influence children's motivation for literacy. *Reading Teacher, 48,* 662-673.

Vella, J. (1997). Learning to Listen, Learning to Teach. San Francisco: Jossey-Bass.

Vygotsky, L. (1978). Mind in society: *The development of higher psychological processes.* Cambridge, MA: Havard University Press.

Wegerif, R. (1998). "The Social Dimension of Asynchronous Learning Networks." The Journal of Asynchronous Learning Networks 2 (1, March). http://www.aln.org/alnweb/journal/vol2_issue1/wegerif.htm

Wells, C. V., & Grabert, C. (2004). Service learning and mentoring: Effective pedagogical strategies. *College Student Journal, 38*, 4, 573-578.

Williford, A. M., Chapman, L. C., & Kahrig, T. (2000-2001). The university experience course : A longitudinal study of student performance, retention, and graduation. *Journal of College Student Retention, 2*, 4, 327-340. 327-340.

Wrubel, R. M. (2002). *Great grouping strategies.* New York: Scholastic Inc.

표준 발음법

제1장 총 칙

제1항 표준 발음법은 표준어의 실제 발음을 따르되, 국어의 전통성과 합리성을 고려하여 정함을 원칙으로 한다.

제2장 자음과 모음

제2항 표준어 자음은 다음 19개로 한다.

ㄱ ㄲ ㄴ ㄷ ㄸ ㄹ ㅁ ㅂ ㅃ ㅅ ㅆ ㅇ ㅈ ㅉ ㅊ ㅋ ㅌ ㅍ ㅎ

제3항 표준어 모음은 다음 21개로 한다.

ㅏ ㅐ ㅑ ㅒ ㅓ ㅔ ㅕ ㅖ ㅗ ㅘ ㅙ ㅚ ㅛ ㅜ ㅝ ㅞ ㅟ ㅠ ㅡ ㅢ ㅣ

제4항 'ㅏㅐㅓㅔㅗㅚㅜㅟㅡㅣ'는 단모음(單母音)으로 발음한다.
[붙임] 'ㅚㅟ'는 이중 모음으로 발음할 수 있다.

제5항 'ㅑㅒㅕㅖㅘㅙㅛㅝㅞㅠㅢ'는 이중 모음으로 발음한다.

다만 1. 용언의 활용형에 나타나는 '져, 쪄, 쳐'는 [저, 쩌, 처]로 발음한다.

가지어→가져[가저]　　찌어→쪄[쩌]　　다치어→다쳐[다처]

다만 2. '예, 례' 이외의 'ㅖ'는 [ㅔ]로도 발음한다.

계집[계:집/게:집]　　계시다[계:시다/게:시다]
시계[시계/시게](時計)　　연계[연계/연게](連繫)
몌별[몌별/메별](袂別)　　개폐[개폐/개페](開閉)
혜택[혜택/헤택](惠澤)　　지혜[지혜/지헤](智慧)

다만 3. 자음을 첫소리로 가지고 있는 음절의 'ㅢ'는 [ㅣ]로 발음한다.

늴리리　　닁큼　　무늬　　띄어쓰기　　씌어
틔어　　희어　　희떱다　　희망　　유희

다만 4. 단어의 첫음절 이외의 '의'는 [ㅣ]로, 조사 '의'는 [ㅔ]로 발음함도 허용한다.

주의[주의/주이]　　협의[혀븨/혀비]　　우리의[우리의/우리에]　　강의의[강:의의/강:이에]

제3장 소리의 길이

제6항 모음의 장단을 구별하여 발음하되, 단어의 첫 음절에서만 긴소리가 나타나는 것을 원칙으로 한다.

(1) 눈보라[눈:보라]　　말씨[말:씨]　　밤나무[밤:나무]　　많다[만:타]
멀리[멀:리]　　벌리다[벌:리다]

(2) 첫눈[천눈]　　참말[참말]　　쌍동밤[쌍동밤]　　수많이[수:마니]
눈멀다[눈멀다]　　떠벌리다[떠벌리다]

다만, 합성어의 경우에는 둘째 음절 이하에서도 분명한 긴소리를 인정한다.

반신반의[반:신 바:늬/반:신 바:니]　　재삼재사[재:삼 재:사]

[붙임] 용언의 단음절 어간에 어미 '-아/-어'가 결합되어 한 음절로 축약되는 경우에도 긴소리로 발음한다.

보아→봐[봐:]　　기어→겨[겨:]　　되어→돼[돼:]
두어→둬[둬:]　　하여→해[해:]

다만, '오아→와, 지어→져, 찌어→쪄, 치어→쳐' 등은 긴소리로 발음하지 않는다.

第7항 긴소리를 가진 음절이라도, 다음과 같은 경우에는 짧게 발음한다.

1. 단음절인 용언 어간에 모음으로 시작된 어미가 결합되는 경우

감다[감:따]–감으니[가므니] 밟다[밥:따]–밟으면[발브면]
신다[신:따]–신어[시너] 알다[알:다]–알아[아라]

다만, 다음과 같은 경우에는 예외적이다.

끌다[끌:다]–끌어[끄:러] 떫다[떨:따]–떫은[떨:븐]
벌다[벌:다]–벌어[버:러] 썰다[썰:다]–썰어[써:러]
없다[업:따]–없으니[업:쓰니]

2. 용언 어간에 피동, 사동의 접미사가 결합되는 경우

감다[감:따]–감기다[감기다] 꼬다[꼬:다]–꼬이다[꼬이다]
밟다[밥:따]–밟히다[발피다]

다만, 다음과 같은 경우에는 예외적이다.

끌리다[끌:리다] 벌리다[벌:리다] 없애다[업:쌔다]

[붙임] 다음과 같은 합성어에서는 본디의 길이에 관계 없이 짧게 발음한다.

밀–물 썰–물 쏜–살–같이 작은–아버지

제4장 받침의 발음

제8항 받침소리로는 'ㄱ, ㄴ, ㄷ, ㄹ, ㅁ, ㅂ, ㅇ'의 7개 자음만 발음한다.

제9항 받침 'ㄲ, ㅋ', 'ㅅ, ㅆ, ㅈ, ㅊ, ㅌ', 'ㅍ'은 어말 또는 자음 앞에서 각각 대표음 [ㄱ, ㄷ, ㅂ]으로 발음한다.

닦다[닥따] 키읔[키윽] 키읔과[키윽꽈] 옷[옫]

웃다[욷ː따] 있다[읻따] 젖[젇] 빚다[빋따]
꽃[꼳] 쫓다[쫃따] 솥[솓] 뱉다[밷ː따]
앞[압] 덮다[덥따]

제10항 겹받침 'ㄳ', 'ㄵ', 'ㄼ, ㄽ, ㄾ', 'ㅄ'은 어말 또는 자음 앞에서 각각 [ㄱ, ㄴ, ㄹ, ㅂ]으로 발음한다.

넋[넉] 넋과[넉꽈] 앉다[안따] 여덟[여덜]
넓다[널따] 외곬[외골] 핥다[할따] 값[갑]
없다[업ː따]

다만, '밟-'은 자음 앞에서 [밥]으로 발음하고, '넓-'은 다음과 같은 경우에 [넙]으로 발음한다.

(1) 밟다[밥ː따] 밟소[밥ː쏘] 밟지[밥ː찌] 밟는[밥ː는→밤ː는]
밟게[밥ː께] 밟고[밥ː꼬]
(2) 넓-죽하다[넙쭈카다] 넓-둥글다[넙뚱글다]

제11항 겹받침 'ㄺ, ㄻ, ㄿ'은 어말 또는 자음 앞에서 각각 [ㄱ, ㅁ, ㅂ]으로 발음한다.

닭[닥] 흙과[흑꽈] 맑다[막따] 늙지[늑찌]
삶[삼ː] 젊다[점ː따] 읊고[읍꼬] 읊다[읍따]

다만, 용언의 어간 말음 'ㄺ'은 'ㄱ' 앞에서 [ㄹ]로 발음한다.

맑게[말께] 묽고[물꼬] 읽거나[일꺼나]

제12항 받침 'ㅎ'의 발음은 다음과 같다.
1. 'ㅎ(ㄶ, ㅀ)' 뒤에 'ㄱ, ㄷ, ㅈ'이 결합되는 경우에는, 뒤 음절 첫소리와 합쳐서 [ㅋ, ㅌ, ㅊ]으로 발음한다.

놓고[노코] 좋던[조ː턴] 쌓지[싸치] 많고[만ː코]
않던[안턴] 닳지[달치]

[붙임 1] 받침 'ㄱ(ㄺ), ㄷ, ㅂ(ㄼ), ㅈ(ㄵ)'이 뒤 음절 첫소리 'ㅎ'과 결합되는 경우에도, 역시 두 소리를 합쳐서 [ㅋ, ㅌ, ㅍ, ㅊ]으로 발음한다.

각하[가카]　　먹히다[머키다]　　밟히다[발피다]　　맏형[마텽]
좁히다[조피다]　　넓히다[널피다]　　꽂히다[꼬치다]　　앉히다[안치다]

[붙임 2] 규정에 따라 'ㄷ'으로 발음되는 'ㅅ, ㅈ, ㅊ, ㅌ'의 경우에는 이에 준한다.

옷 한 벌[오탄벌]　　낮 한때[나탄때]　　꽃 한 송이[꼬탄송이]
숱하다[수타다]

2. 'ㅎ(ㄶ, ㅀ)' 뒤에 'ㅅ'이 결합되는 경우에는, 'ㅅ'을 [ㅆ]으로 발음한다.

닿소[다쏘]　　많소[만쏘]　　싫소[실쏘]

3. 'ㅎ' 뒤에 'ㄴ'이 결합되는 경우에는, [ㄴ]으로 발음한다.

놓는[논는]　　쌓네[싼네]

[붙임] 'ㄶ, ㅀ' 뒤에 'ㄴ'이 결합되는 경우에는, 'ㅎ'을 발음하지 않는다.

않네[안네]　　않는[안는]　　뚫네[뚤네→뚤레]　　뚫는[뚤는→뚤른]

* 뚫네[뚤네→뚤레], 뚫는[뚤는→뚤른]에 대해서는 제20항 참조.

4. 'ㅎ(ㄶ, ㅀ)' 뒤에 모음으로 시작된 어미나 접미사가 결합되는 경우에는, 'ㅎ'을 발음하지 않는다.

낳은[나은]　　놓아[노아]　　쌓이다[싸이다]　　많아[마:나]
않은[아는]　　닳아[다라]　　싫어도[시러도]

제13항　홑받침이나 쌍받침이 모음으로 시작된 조사나 어미, 접미사와 결합되는 경우에는, 제 음가대로 뒤 음절 첫소리로 옮겨 발음한다.

깎아[까까]　　옷이[오시]　　있어[이써]　　낮이[나지]
꽂아[꼬자]　　꽃을[꼬츨]　　쫓아[쪼차]　　밭에[바테]
앞으로[아프로]　　덮이다[더피다]

제14항　겹받침이 모음으로 시작된 조사나 어미, 접미사와 결합되는 경우에는, 뒤엣것만을 뒤 음절 첫소리로 옮겨 발음한다. (이 경우, 'ㅅ'은 된소리로 발음함.)

넋이[넉씨]	앉아[안자]	닭을[달글]	젊어[절머]
곬이[골씨]	핥아[할타]	읊어[을퍼]	값을[갑쓸]
없어[업:써]			

제15항 받침 뒤에 모음 'ㅏ, ㅓ, ㅗ, ㅜ, ㅟ'들로 시작되는 실질 형태소가 연결되는 경우에는, 대표음으로 바꾸어서 뒤 음절 첫소리로 옮겨 발음한다.

밭 아래[바다래]	늪 앞[느밥]	젖어미[저더미]	맛없다[마덥다]
겉옷[거돋]	헛웃음[허두슴]	꽃 위[꼬뒤]	

다만, '맛있다, 멋있다'는 [마싣따], [머싣따]로도 발음할 수 있다.

[붙임] 겹받침의 경우에는 그 중 하나만을 옮겨 발음한다.

넋 없다[너겁따]	닭 앞에[다가페]	값어치[가버치]	값있는[가빈는]

제16항 한글 자모의 이름은 그 받침소리를 연음하되, 'ㄷ, ㅈ, ㅊ, ㅋ, ㅌ, ㅍ, ㅎ'의 경우에는 특별히 다음과 같이 발음한다.

디귿이[디그시]	디귿을[디그슬]	디귿에[디그세]
지읒이[지으시]	지읒을[지으슬]	지읒에[지으세]
치읓이[치으시]	치읓을[치으슬]	치읓에[치으세]
키읔이[키으기]	키읔을[키으글]	키읔에[키으게]
티읕이[티으시]	티읕을[티으슬]	티읕에[티으세]
피읖이[피으비]	피읖을[피으블]	피읖에[피으베]
히읗이[히으시]	히읗을[히으슬]	히읗에[히으세]

제5장 소리의 동화

제17항 받침 'ㄷ, ㅌ(ㄾ)'이 조사나 접미사의 모음 'ㅣ'와 결합되는 경우에는, [ㅈ, ㅊ]으로 바꾸어서 뒤 음절 첫소리로 옮겨 발음한다.

곧이듣다[고지듣따]	굳이[구지]	미닫이[미다지]
땀받이[땀바지]	밭이[바치]	벼훑이[벼훌치]

[붙임] 'ㄷ' 뒤에 접미사 '히'가 결합되어 '티'를 이루는 것은 [치]로 발음한다.

굳히다[구치다] 닫히다[다치다] 묻히다[무치다]

第18항 받침 'ㄱ(ㄲ, ㅋ, ㄳ, ㄺ), ㄷ(ㅅ, ㅆ, ㅈ, ㅊ, ㅌ, ㅎ), ㅂ(ㅍ, ㄼ, ㄿ, ㅄ)'은 'ㄴ, ㅁ' 앞에서 [ㅇ, ㄴ, ㅁ]으로 발음한다.

먹는[멍는]	국물[궁물]	깎는[깡는]	키읔만[키응만]
몫몫이[몽목씨]	긁는[긍는]	흙만[흥만]	닫는[단는]
짓는[진:는]	옷맵시[온맵시]	있는[인는]	맞는[만는]
젖멍울[전멍울]	쫓는[쫀는]	꽃망울[꼰망울]	붙는[분는]
놓는[논는]	잡는[잠는]	밥물[밤물]	앞마당[암마당]
밟는[밤:는]	읊는[음는]	없는[엄:는]	값매다[감매다]

[붙임] 두 단어를 이어서 한 마디로 발음하는 경우에도 이와 같다.

책 넣는다[챙넌는다] 흙 말리다[흥말리다] 옷 맞추다[온마추다]
밥 먹는다[밤멍는다] 값 매기다[감매기다]

第19항 받침 'ㅁ, ㅇ' 뒤에 연결되는 'ㄹ'은 [ㄴ]으로 발음한다.

담력[담:녁] 침략[침냑] 강릉[강능] 항로[항:노]
대통령[대:통녕]

[붙임] 받침 'ㄱ, ㅂ' 뒤에 연결되는 'ㄹ'도 [ㄴ]으로 발음한다.

막론[막논→망논] 백리[백니→뱅니] 협력[협녁→혐녁]
십리[십니→심니]

第20항 'ㄴ'은 'ㄹ'의 앞이나 뒤에서 [ㄹ]로 발음한다.

(1) 난로[날:로] 신라[실라] 천리[철리] 광한루[광:할루]
대관령[대:괄령]

(2) 칼날[칼랄] 물난리[물랄리] 줄넘기[줄럼끼] 할는지[할른지]

[붙임] 첫소리 'ㄴ'이 'ㅀ, ㄾ' 뒤에 연결되는 경우에도 이에 준한다.

닳는[달른] 뚫는[뚤른] 핥네[할레]

다만, 다음과 같은 단어들은 'ㄹ'을 [ㄴ]으로 발음한다.

의견란[의:견난] 임진란[임:진난] 생산량[생산냥]
결단력[결딴녁] 공권력[공꿘녁] 동원령[동:원녕]
상견례[상견녜] 횡단로[횡단노] 이원론[이:원논]
입원료[이붠뇨] 구근류[구근뉴]

제21항 위에서 지적한 이외의 자음 동화는 인정하지 않는다.

감기[감:기](×[강:기]) 옷감[옫깜](×[옥깜])
있고[읻꼬](×[익꼬]) 꽃길[꼳낄](×[꼭낄])
젖먹이[전머기](×[점머기]) 문법[문뻡](×[뭄뻡])
꽃밭[꼳빧](×[꼽빧])

제22항 다음과 같은 용언의 어미는 [어]로 발음함을 원칙으로 하되, [여]로 발음함도 허용한다.

피어[피어/피여] 되어[되어/되여]

[붙임] '이오, 아니오'도 이에 준하여 [이요, 아니요]로 발음함을 허용한다.

제6장 된소리되기

제23항 받침 'ㄱ(ㄲ, ㅋ, ㄳ, ㄺ), ㄷ(ㅅ, ㅆ, ㅈ, ㅊ, ㅌ), ㅂ(ㅍ, ㄼ, ㄿ, ㅄ)' 뒤에 연결되는 'ㄱ, ㄷ, ㅂ, ㅅ, ㅈ'은 된소리로 발음한다.

국밥[국빱] 깎다[깍따] 넋받이[넉빠지] 삯돈[삭똔]
닭장[닥짱] 칡범[칙뻠] 뻗대다[뻗때다] 옷고름[옫꼬름]
있던[읻떤] 꽂고[꼳꼬] 꽃다발[꼳따발] 낯설다[낟썰다]
밭갈이[받까리] 솥전[솓쩐] 곱돌[곱똘] 덮개[덥깨]
옆집[엽찝] 넓죽하다[넙쭈카다] 읊조리다[읍쪼리다] 값지다[갑찌다]

제24항 어간 받침 'ㄴ(ㄵ), ㅁ(ㄻ)' 뒤에 결합되는 어미의 첫소리 'ㄱ, ㄷ, ㅅ, ㅈ'은 된소리로 발음한다.

신고[신꼬] 껴안다[껴안따] 앉고[안꼬] 얹다[언따]

삼고[삼:꼬]　　더듬지[더듬찌]　　닮고[담:꼬]　　젊지[점:찌]

다만, 피동, 사동의 접미사 '-기-'는 된소리로 발음하지 않는다.

안기다　　감기다　　굶기다　　옮기다

제25항　어간 받침 'ㄼ, ㄾ' 뒤에 결합되는 어미의 첫소리 'ㄱ, ㄷ, ㅅ, ㅈ'은 된소리로 발음한다.

넓게[널께]　　핥다[할따]　　훑소[훌쏘]　　떫지[떨:찌]

제26항　한자어에서, 'ㄹ' 받침 뒤에 연결되는 'ㄷ, ㅅ, ㅈ'은 된소리로 발음한다.

갈등[갈뜽]　　발동[발똥]　　절도[절또]　　말살[말쌀]
불소[불쏘](弗素)　　일시[일씨]　　갈증[갈쯩]　　물질[물찔]
발전[발쩐]　　몰상식[몰쌍식]　　불세출[불쎄출]

다만, 같은 한자가 겹쳐진 단어의 경우에는 된소리로 발음하지 않는다.

허허실실[허허실실](虛虛實實)　　절절하다[절절하다](切切-)

제27항　관형사형 '-[으]ㄹ' 뒤에 연결되는 'ㄱ, ㄷ, ㅂ, ㅅ, ㅈ'은 된소리로 발음한다.

할 것을[할꺼슬]　　갈 데가[갈떼가]　　할 바를[할빠를]
할 수는[할쑤는]　　할 적에[할쩌게]　　갈 곳[갈꼳]
할 도리[할또리]　　만날 사람[만날싸람]

다만, 끊어서 말할 적에는 예사소리로 발음한다.

[붙임] '-(으)ㄹ'로 시작되는 어미의 경우에도 이에 준한다.

할걸[할껄]　　할밖에[할빠께]　　할세라[할쎄라]
할수록[할쑤록]　　할지라도[할찌라도]　　할지언정[할찌언정]
할진대[할찐대]

제28항　표기상으로는 사이시옷이 없더라도, 관형격 기능을 지니는 사이시옷이 있어야 할(휴지가 성립되는) 합성어의 경우에는, 뒤 단어의 첫소리 'ㄱ, ㄷ, ㅂ, ㅅ, ㅈ'을 된소리로 발음한다.

문-고리[문꼬리]　　눈-동자[눈똥자]　　신-바람[신빠람]　　산-새[산쌔]

손-재주[손째주]	길-가[길까]	물-동이[물똥이]	발-바닥[발빠닥]
굴-속[굴:쏙]	술-잔[술짠]	바람-결[바람껼]	그믐-달[그믐딸]
아침-밥[아침빱]	잠-자리[잠짜리]	강-가[강까]	초승-달[초승딸]
등-불[등뿔]	창-살[창쌀]	강-줄기[강쭐기]	

제7장 소리의 첨가

제29항 합성어 및 파생어에서, 앞 단어나 접두사의 끝이 자음이고 뒤 단어나 접미사의 첫 음절이 '이, 야, 여, 요, 유'인 경우에는, 'ㄴ'소리를 첨가하여 [니, 냐, 녀, 뇨, 뉴]로 발음한다.

솜-이불[솜:니불]	홑-이불[혼니불]	막-일[망닐]
삯-일[상닐]	맨-입[맨닙]	꽃-잎[꼰닙]
내복-약[내:봉냑]	색-연필[생년필]	직행-열차[지캥녈차]
늑막-염[능망념]	콩-엿[콩녇]	담-요[담:뇨]
눈-요기[눈뇨기]	영업-용[영엄뇽]	식용-유[시굥뉴]
국민-윤리[궁민뉼리]	밤-윷[밤:뉻]	

다만, 다음과 같은 말들은 'ㄴ'소리를 첨가하여 발음하되, 표기대로 발음할 수 있다.

이죽-이죽[이중니죽/이주기죽]	야금-야금[야금냐금/야그먀금]
검열[검:녈/거:멸]	욜랑-욜랑[욜랑뇰랑/욜랑욜랑]
금융[금늉/그뮹]	

[붙임 1] 'ㄹ' 받침 뒤에 첨가되는 'ㄴ'소리는 [ㄹ]로 발음한다.

들-일[들:릴]	솔-잎[솔립]	설-익다[설릭따]
물-약[물략]	불-여우[불려우]	서울-역[서울력]
물-엿[물렫]	휘발-유[휘발류]	유들-유들[유들류들]

[붙임 2] 두 단어를 이어서 한 마디로 발음하는 경우에도 이에 준한다.

한 일[한닐]	옷 입다[온닙따]	서른여섯[서른녀섣]
3연대[삼년대]	먹은 엿[머근녇]	
할 일[할릴]	잘 입다[잘립따]	스물여섯[스물려섣]

1연대[일련대]　　　먹을 엿[머글련]

다만, 다음과 같은 단어에서는 'ㄴ(ㄹ)'소리를 첨가하여 발음하지 않는다.

6·25[유기오]　　3·1절[사밀쩔]　　송별-연[송:벼련]　　등용-문[등용문]

제30항　사이시옷이 붙는 단어는 다음과 같이 발음한다.

1. 'ㄱ, ㄷ, ㅂ, ㅅ, ㅈ'으로 시작되는 단어 앞에 사이시옷이 올 때에는 이들 자음만을 된소리로 발음하는 것을 원칙으로 하되, 사이시옷을 [ㄷ]으로 발음하는 것도 허용한다.

냇가[내:까/낻:까]　　샛길[새:낄/샏:낄]　　빨랫돌[빨래똘/빨랟똘]
콧등[코뜽/콛뜽]　　깃발[기빨/긷빨]　　대팻밥[대:패빱/대:팯빱]
햇살[해쌀/핻쌀]　　뱃속[배쏙/밷쏙]　　뱃전[배쩐/밷쩐]
고갯짓[고개찓/고갣찓]

2. 사이시옷 뒤에 'ㄴ, ㅁ'이 결합되는 경우에는 [ㄴ]으로 발음한다.

콧날[콛날→콘날]　　아랫니[아랟니→아랜니]
툇마루[퇻:마루→퇸:마루]　　뱃머리[밷머리→밴머리]

3. 사이시옷 뒤에 '이'소리가 결합되는 경우에는 [ㄴ]으로 발음한다.

베갯잇[베갣닏→베갠닏]　　깻잎[깯입→깬닙]
나뭇잎[나묻입→나문닙]　　도리깻열[도리깯녈→도리깬녈]
뒷윷[뒫:뉻→뒨:뉻]

저자 전 명 남 (mjun@kmu.ac.kr)

저자는 초등학교 교사였던 아버지의 뜻을 따라 전통적 교사교육 기관인 경북대학교 사범대학(과학교육, 지학)을 진학하여 졸업하고 동대학원에서 교육학 박사(교육심리, 학습법 전공)를 취득했으며, 이어서 학술진흥재단의 박사후과정(post-doc)을 마쳤다. 영진 아동 창의성 프로그램을 개발하여 동 대학 영재교육센터 전임연구원으로 활동하였으며, Torrance 박사의 창의력 개발 프로그램인 Future Problem Solving 연구위원으로 3년간 활동하였다. 또한, Harvard 대학교 Study Skills 과정을 수료하였다.

연세대학교 교육개발센터(Center for Teaching & Learning)에서 학습지원부장으로 근무하면서 '학습전략 프로그램'을 개발 운영하였으며, 학습 커뮤니티 활동인 연세 '독수리 튜터링 프로그램'을 개발하고 특허출원하여 운영했다. 2003학년도부터 2004학년의 연구를 거쳐 2005학년에 실제적으로 시작된 연세대학교 Junior Seminar 대학교육과정개발사업을 완료하였다. 이외에도 연세대 내의 북한 학생의 학업적응을 위한 '하나 학습 프로그램', 외국인 학생의 공부를 돕는 '글로벌 학습 프로그램', 신체장애 학생을 위한 '새움 학습 프로그램' 등을 개발·운영한 바 있다.

현재는 계명대학교 교수학습지원센터(Center for Teaching & Learning) 교수로 근무하고 있다. 2005학년도에는 계명대학교 교수진을 대상으로 토의식 교수법을 강연하였으며, 여러 토론대회에서 심사위원을 역임한 바 있다. 주요 논문으로 'Effects of on-line community assisted small group peer tutoring on university students' learning strategies(2005)', 'Fostering Creativity by FPSP Framework : Implementing and testing its effectiveness(2003)', 'Kolb-McCarthy 학습유형에 따른 심층학습의 차이(2004)' 등을 발표하였으며 저서로는 '창의력 개발(2003)', '학습전략 업그레이드(2004)' 등이 있다.

토의식 교수법 토론식 학습법

1판 1쇄 펴냄 | 2006년 4월 25일
1판 2쇄 펴냄 | 2009년 11월 10일
저자 | 전명남
펴낸이 | 신일희
펴낸곳 | 계명대학교출판부
704-701 대구시 달서구 달구벌대로 2800
전화 053-580-6233 팩스 053-583-5213
등록 | 1970. 9. 1.(신고번호 제347-1998-1호)
ISBN 89-7585-359-4 03370

값 12,000원